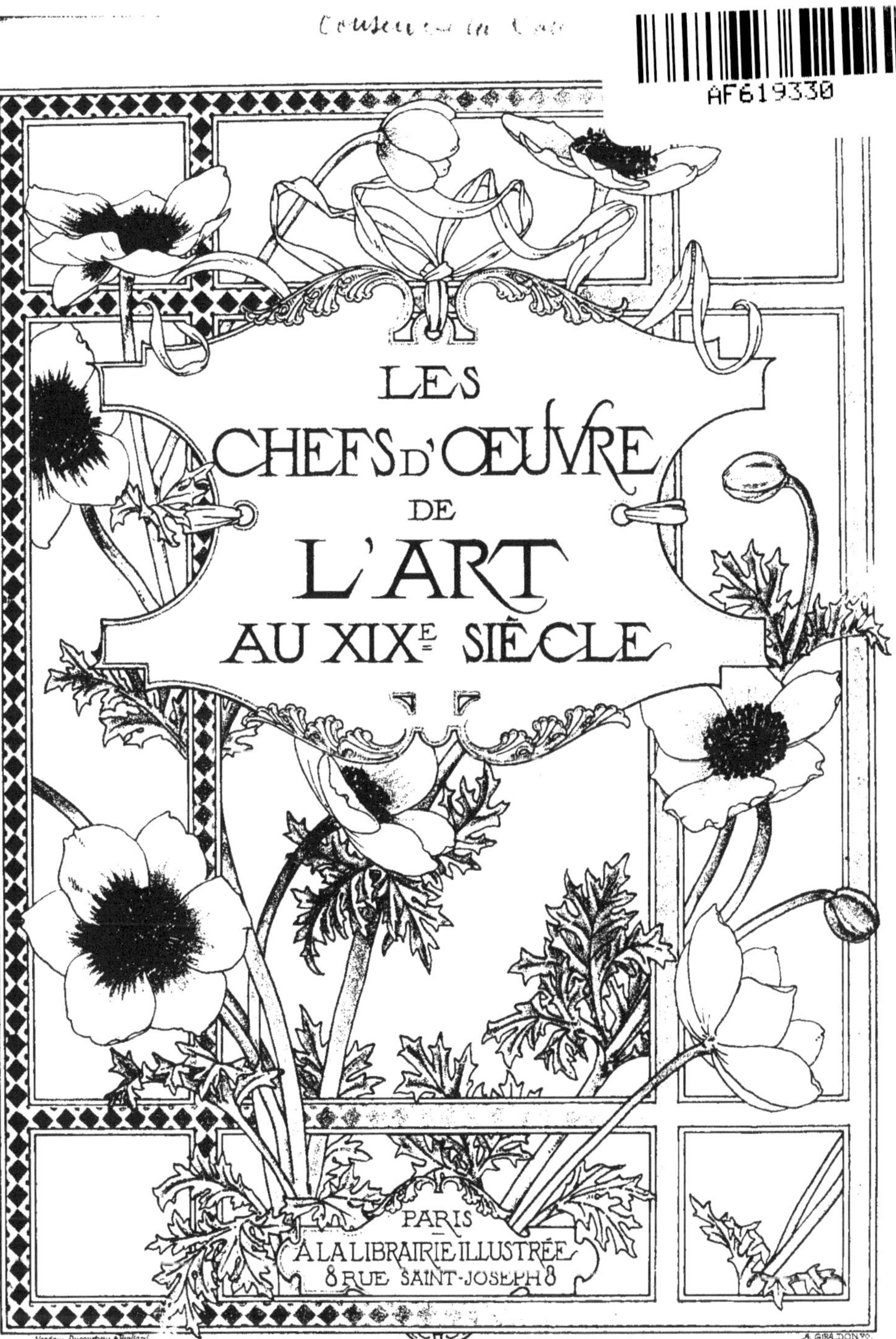
LES
CHEFS D'ŒUVRE
DE
L'ART
AU XIXE SIÈCLE
PARIS
A LA LIBRAIRIE ILLUSTRÉE
8 RUE SAINT-JOSEPH 8
Verdoux, Ducourtioux & Huillard.
Imp. Draeger et Lesieur.
A. GIRALDON 90.

LES CHEFS-D'OEUVRE

DE

L'ART AU XIXE SIÈCLE

La Peinture étrangère

AU XIXE SIÈCLE

LES CHEFS-D'ŒUVRE

DE

L'ART AU XIXE SIECLE

OUVRAGE DE GRAND LUXE

L'ÉCOLE FRANÇAISE, DE DAVID A DELACROIX

PAR ANDRÉ MICHEL

Un beau volume in-4°. — Prix. . . . . 20 francs.

L'ÉCOLE FRANÇAISE, DE DELACROIX A H. REGNAULT

PAR ALFRED DE LOSTALOT

Un beau volume in-4°. — Prix. . . . . 20 francs.

LA PEINTURE FRANÇAISE ACTUELLE

PAR PAUL LEFORT

Un beau volume in-4°. — Prix. . . . . 20 francs.

LA PEINTURE ÉTRANGÈRE AU XIXe SIÈCLE

PAR T. DE WYZEWA

Un beau volume in-4°. — Prix. . . . . 20 francs.

LA SCULPTURE ET LA GRAVURE AU XIXe SIÈCLE

PAR LOUIS GONSE

Un beau volume in-4°. — Prix. . . . . 20 francs.

Sceaux. — Imprimerie Charaire et Cie.

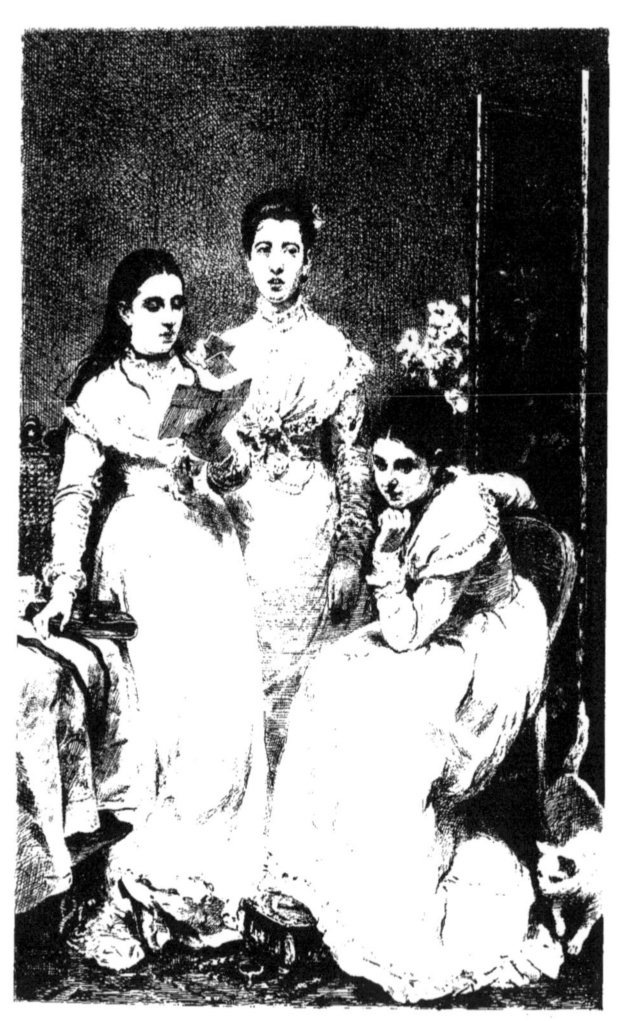

LES CHEFS-D'ŒUVRE

DE

L'ART AU XIXᴱ SIÈCLE

La Peinture étrangère

AU XIXᴱ SIÈCLE

PAR

T. DE WYZEWA

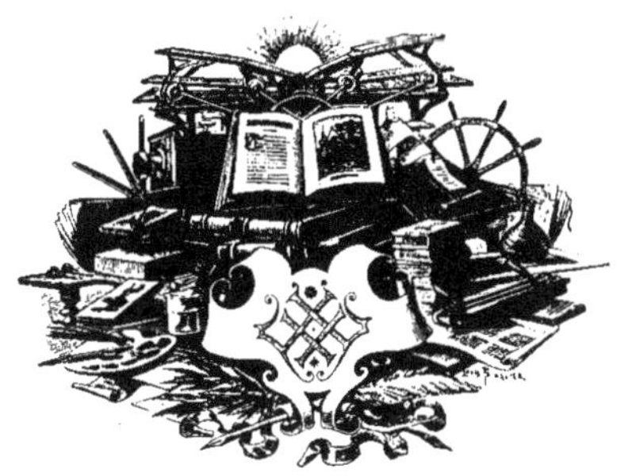

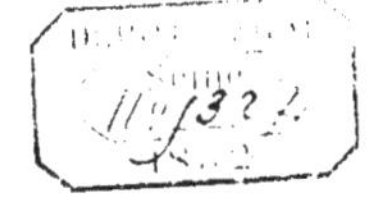

PARIS

A LA LIBRAIRIE ILLUSTRÉE

8, RUE SAINT-JOSEPH, 8

LES

CHEFS-D'ŒUVRE DE L'ART

AU XIXe SIÈCLE

LES PEINTRES ALLEMANDS

I. — LES PEINTRES CLASSIQUES

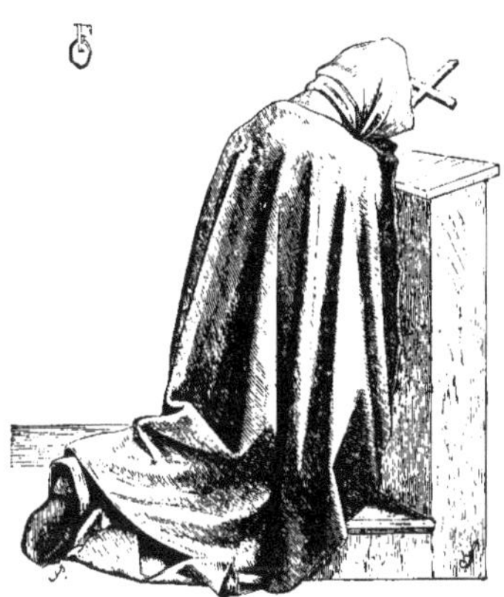

Moine en prière, par Overbeck.

Du commencement de XIIIe à la fin du XVIe siècle, l'Allemagne n'avait pas cessé d'être un ardent foyer artistique. L'art allemand de cette longue période a beau être aujourd'hui encore méconnu ; il en est peu de plus forts, de plus variés, de plus véritablement nationaux.

Déjà au XIIe siècle, l'architecture allemande, refusant d'emprunter à la France son gothique, qui lui paraissait convenir mal à la grave solennité des édifices religieux, tirait du vieux style roman un roman tout nouveau, à la fois noble et gracieux, solide et léger. Les églises de Cologne, les cathédrales de Bonn, de Mayence, de Ratisbonne, de Bamberg, et les plus petites églises des plus petits villages du Rhin sont le témoignage de cet effort de l'Allemagne pour maintenir son indépendance artistique. Plus tard, lorsque le gothique victorieux eut traversé le Rhin, on sait comment les architectes de Francfort, d'Aschaffenbourg, de Nuremberg, n'eurent point de repos qu'ils ne l'eussent transformé, adapté aux exigences du goût national. Et c'est encore une architecture tout allemande que celle des édifices allemands du xve et du xvie siècle, de ces maisons, de ces ponts et de ces fontaines, où les formes de la Renaissance italienne se combinent avec les formes gothiques en mille façons imprévues.

La sculpture allemande du moyen âge et de la Renaissance est aussi riche que celle d'aucun autre pays en maîtres de génie et en chefs-d'œuvre. Dès 1250, un sculpteur anonyme décorait à l'intérieur les cathédrales de Bamberg et Naumbourg de grandes figures où apparaît une science si ferme et une expression si profonde, que l'on songe involontairement aux plus parfaits ouvrages de Michel-Ange. Au xve et au xvie siècle, la plupart des villes allemandes ont eu une école de sculpture originale. Michel Pacher, dans le Tyrol, Riemenschneider à Wurzbourg, Daucher à Augsbourg, Krafft et Vischer à Nuremberg, ont été des artistes d'une personnalité très marquée, unissant l'adresse d'excellents ouvriers à un vif sentiment de la beauté formelle. Un seul les a surpassés, un Allemand aussi, ce Veit Stoss de Nuremberg, qui a poussé plus loin que les Donatello et les Mino de Fiesole et les Verocchio la recherche des expressions idéales.

L'histoire de la peinture allemande primitive commence heureusement à être mieux connue. On sait de quelle triomphale façon cette peinture naquit à Cologne, dans la seconde moitié du xive siècle, et comment elle se répandit sur le Rhin, en Alsace, en Souabe, en Bavière, produisant sans interruption des écoles nouvelles. Les noms de maître Guillaume de Herle, de maître Étienne Lochner, de Schongauer, de Holbein l'Aîné, et de Wolgemuth, sont aujourd'hui rentrés dans la liste des grands noms de la peinture : plus fameux encore sont leurs successeurs du xvie siècle, Baldung Grun, Grunewald, Cranach, Burgmair, Altdorfer, tous ces peintres de genres et de tempéraments si divers, que la gloire de Dürer et de Holbein le Jeune avait si longtemps maintenus dans l'ombre.

Enfin la gravure allemande, depuis Schongauer jusqu'aux maîtres suisses du XVIe siècle, a gardé un caractère original qui témoigne une fois de plus du haut sentiment artistique de l'Allemagne d'autrefois. Entre le Hollandais Lucas de Leyde et l'Italien Marc-Antoine, les Allemands ont eu leur manière propre de comprendre le but et les moyens de la gravure.

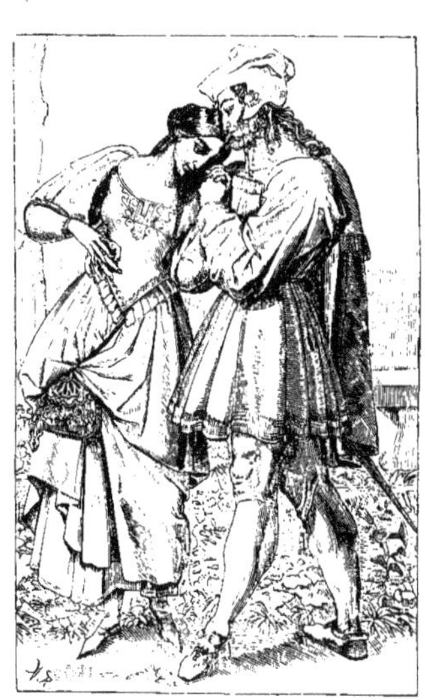

FAUST ET MARGUERITE, PAR CORNÉLIUS.

Quatre siècles d'une floraison aussi riche et aussi constante suffisent à prouver que la race allemande n'est inférieure à aucune autre au point de vue du talent et de l'originalité artistiques. Mais il ne faut pas moins que le souvenir de ces quatre siècles de gloire pour le prouver et l'on serait très tenté de penser le contraire si l'on considérait seulement l'histoire de l'art allemand en général et de la peinture allemande en particulier depuis la fin du XVIe jusqu'aux premières années du XIXe siècle.

A l'admirable mouvement national de la Renaissance a succédé une période d'impuissance et de plate imitation. Non seulement toute personnalité a manqué aux peintres allemands du XVIe et du XVIIe siècle, imitateurs des Allemands, comme Rottenhamer, ou des Hollandais, comme Netscher et Denner; mais encore il leur a manqué la virtuosité technique qui tient lieu de talent chez les élèves des Carrache ou du Caravage.

Vers le milieu du XVIIIe siècle, quelques peintres allemands firent un noble effort pour reconquérir à l'art de leur pays l'originalité perdue. Cinquante ans plus tard, d'autres peintres tentèrent un effort analogue, le tentèrent même avec assez de ferveur et d'obstination pour que le monde ait pu croire un instant à une nouvelle renaissance de la peinture allemande. Malheureusement ces deux tentatives ne servirent qu'à prouver combien il était difficile aux Allemands de se créer un art original, et combien il leur manquait des qualités nécessaires pour l'exercice de la peinture.

De l'examen de la peinture classique de Mengs et de Carstens, de l'examen de la peinture chrétienne d'Overbeck, de l'examen de la peinture romantique de Cornélius et de Kaulbach, une conclusion ressort avec une clarté parfaite : l'incapacité foncière des Allemands à voir le monde extérieur. Il n'est pas un de ces peintres qui ait su observer la nature. Les uns ont étudié les maîtres de l'antiquité ou de la Renaissance, d'autres ont cru pouvoir trouver dans leur propre imagination les modèles de leurs figures, mais aucun ne s'est aperçu qu'il avait autour de lui un univers de formes et de couleurs vivantes, unique source essentielle de l'inspiration artistique. Il en résulte que parmi tous les artistes qu'a produits l'Allemagne depuis la Renaissance, aucun n'est vraiment un peintre. De la fin du XVIe au milieu du XVIIIe siècle, la peinture allemande avait été une école d'ouvriers, imitant d'une façon maladroite et servile les styles étrangers ; du milieu du XVIIIe siècle au milieu du XIXe, elle a été une école de théoriciens et d'intentionnistes. Il est impossible de ne pas admirer la noblesse des fins artistiques qu'elle s'est proposées pendant cette période, la patience

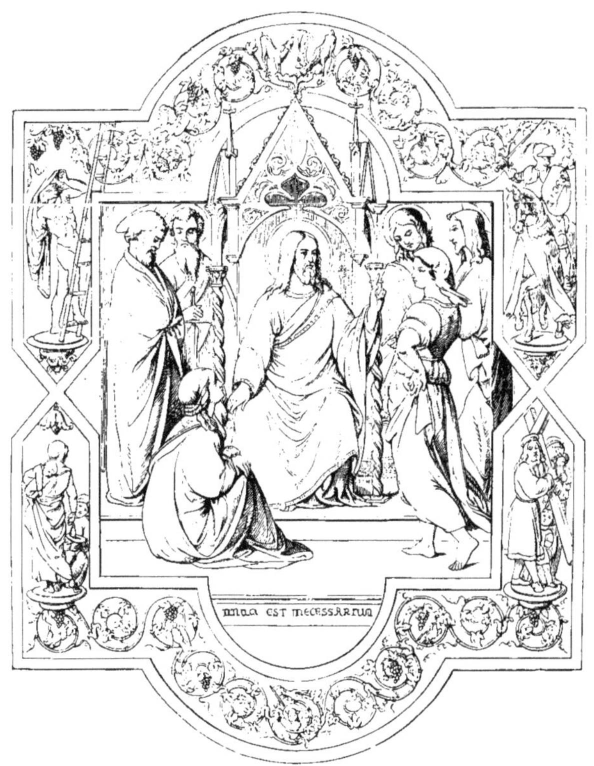

« LE TRAVAIL EST NÉCESSAIRE, » DESSIN D'OVERBECK.

et l'énergie qu'elle a mises à les poursuivre. Mais ni l'excellence des théories ni la pureté des intentions, ni la patience et l'énergie ne suffisent à créer des chefs-d'œuvre. Si éloigné des réalités terrestres que soit un idéal, le peintre ne peut le traduire qu'après avoir emprunté à ces réalités les formes et les couleurs, conditions nécessaires de toute vie plastique. Ni Mengs, ni Carstens, ni Cornélius n'ont su mettre la vie dans leurs œuvres. Ils ont négligé l'étude de la nature, faute d'avoir des yeux de peintre curieux et sensibles, et ainsi l'ingéniosité de leur conception est restée sans effet, n'ayant pas à son service une science suffisante du dessin et de la couleur.

Il nous faut cependant passer en revue les œuvres de ces peintres jadis si fameux. Leur importance artistique risque fort de s'amoindrir de jour en jour, mais leur importance historique a été et demeurera considérable : elles sont la plus saisissante expression des tendances artistiques et morales de l'Allemagne pendant un des moments principaux de son histoire.

Dans la première moitié du XVIIIe siècle, la situation de la peinture allemande était, comme nous l'avons dit, lamentable. Il y avait bien des peintres en Allemagne, et des peintres excellents ; mais c'étaient des maîtres étrangers mandés là par les princes ou les évêques, et y développant à leur aise leurs qualités nationales sans s'occuper de les adapter au pays où ils travaillaient. A Berlin, c'était le portraitiste français Pesne, peintre officiel des rois de Prusse ; à Dresde, le Suisse Antoine Graff et le Vénitien Belotto, dit le Canaletto, le plus original des paysagistes du XVIIIe siècle. Tiepolo travaillait à Wurzbourg ; toutes les villes de la Bavière faisaient venir des artistes italiens ou flamands. Il faut joindre encore à ces étrangers un peintre que les Allemands considèrent comme un de leurs maîtres nationaux, mais qui, en réalité, n'était pas plus Allemand que Pesne ou Canaletto : le Polonais Daniel Chodowiecki (1726-1801), auteur de quelques tableaux assez médiocres et d'une foule de dessins tout pleins de verve, d'humour, d'observation fine et clairvoyante. Chodowiecki est né, il est vrai, à Dantzig, dans un temps où cette ville avait cessé d'appartenir à la Pologne ; mais aucune des qualités de son talent n'est proprement allemande et ne se retrouve chez ses contemporains de race germanique.

Dans la seconde moitié du XVIIIe siècle, les peintres allemands furent réveillés de leur torpeur par une théorie esthétique. Cette théorie était la doctrine du retour à la beauté antique; elle eut pour promoteur le Prussien Winckelmann, né en 1717 à Stendal, dans la province

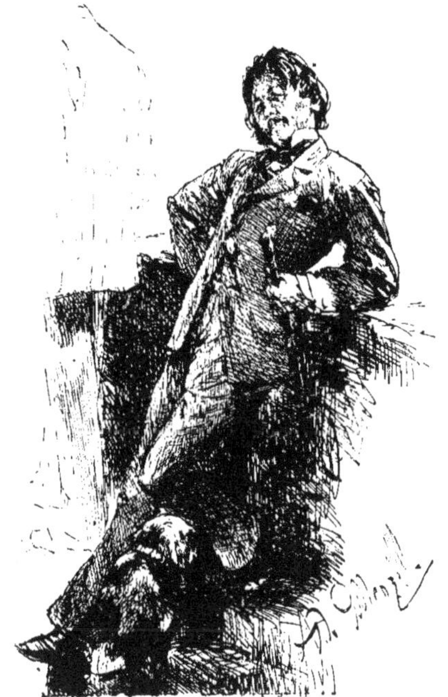

FIGURE POUR LA « PROCESSION », TABLEAU D'ADOLPHE MENZEL.
(*Dessin de l'artiste.*)

de Brandebourg. Fils de paysans, Winckelmann fut porté de bonne heure par une vocation singulière à s'éprendre de la sculpture antique dont il n'avait pour ainsi dire aucune idée. Élevé à Berlin, puis nommé professeur à l'Université de Halle, il se livra avec acharnement à son enthousiasme pour cet art antique qu'il continuait à connaître seulement à travers des descriptions littéraires. En 1754, lorsqu'il put enfin partir pour l'Italie, il avait déjà conçu toute une explication de l'art ancien. Il la publia l'année suivante dans ses *Pensées sur l'imitation des œuvres grecques dans la peinture et dans la sculpture* (1755), et c'est encore elle qui fait le fond de son fameux ouvrage, l'*Histoire de l'Art dans l'antiquité* (1764). Au point de vue historique et critique, ces écrits de Winckelmann sont dénués de toute valeur : la définition qu'il y donne de l'art antique s'appuie sur l'examen d'œuvres très postérieures à l'art grec proprement dit, et n'ayant d'ailleurs elles-mêmes rien de commun avec les principes qu'en a déduits Winckelmann. Si nous avons aujourd'hui une tendance instinctive à croire que les artistes grecs préféraient la convention à la nature et se souciaient plus de la noblesse des formes que de leur vérité, c'est en grande partie aux théories de Winckelmann que nous devons ces fâcheux préjugés. C'est encore à ces théories que l'Allemagne doit d'avoir un mépris naturel pour l'art de ses maîtres primitifs, sous le prétexte qu'ils ont manqué du sentiment de la beauté idéale et formelle. Il est possible que Carstens, ou plus tard Jules Schnorr eussent créé des œuvres véritablement artistiques si l'influence des théories de Winckelmann ne les avait empêchés de préférer l'observation personnelle à l'étude des maîtres, et de concevoir un type de beauté différent de celui des Grecs et de Raphaël.

Ainsi Winckelmann a été un théoricien dangereux. C'était de plus, un pédant et un sot. Sans foi aucune, il s'était converti au catholicisme parce que le catholicisme était la religion de Raphaël et de Michel-Ange. A Rome, ce paysan allemand ne voulait fréquenter que des jeunes gens beaux et bien bâtis, parce que Socrate et Platon avaient aimé à s'entourer des plus beaux jeunes hommes d'Athènes. Mais les idées de ce personnage ont eu en Allemagne un retentissement énorme et y ont exercé jusqu'à nos jours une énorme influence. Elles ont été reprises, malgré des divergences extérieures, par le célèbre polygraphe Lessing, dans son *Laocoon* et surtout dans le *Supplément* qu'il y a ajouté. Elles ont été reprises encore et développées par Gœthe, qui a

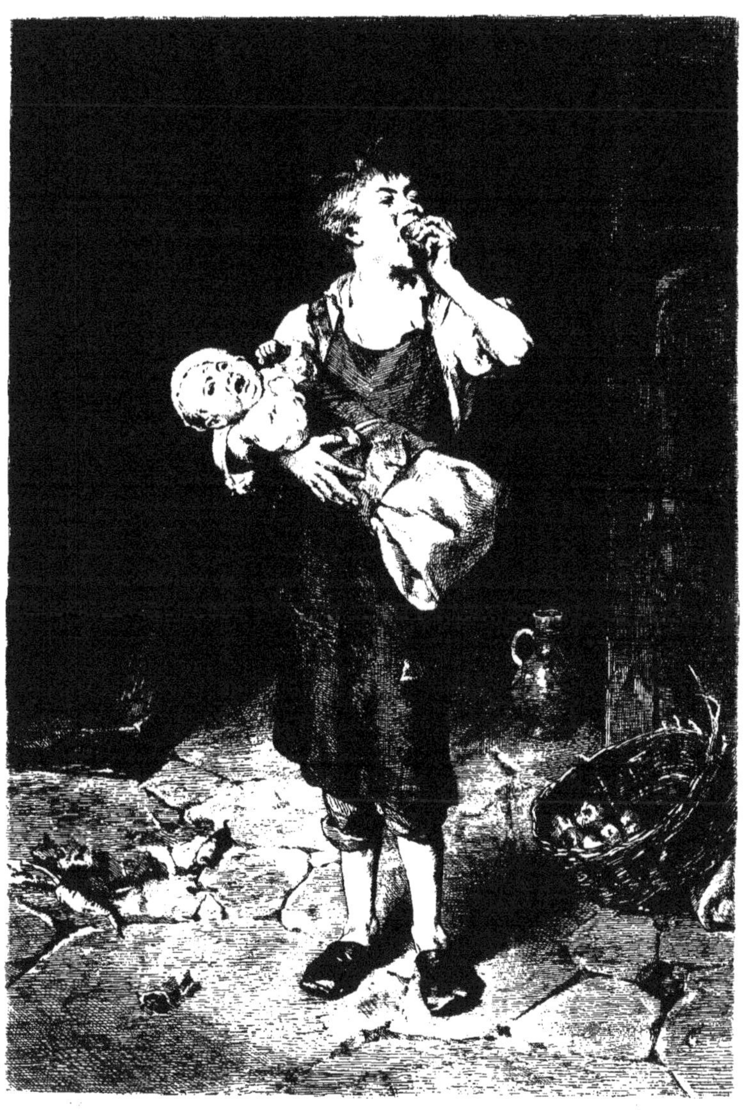

été dans ses poèmes lyriques le plus allemand des poètes de son pays, mais qui a travaillé toute sa vie dans ses drames et ses dissertations à remplacer l'observation de la réalité par la recherche d'une soi-disant beauté idéale. Et pendant que les philosophes et les critiques la commentaient chacun à sa façon, la doctrine de Winckelmann poussait tous les artistes allemands à chercher leur inspiration dans l'étude de l'antiquité.

En arrivant à Rome, en 1754, Winckelmann y trouva installé un de ses compatriotes, le jeune Raphaël Mengs (1728 – 1779), fils d'un peintre de la cour de Saxe. Il eut vite fait de détacher à jamais ce jeune peintre de l'étude de la nature et de faire dévier son aimable talent dans une direction qui ne pouvait lui convenir. Bientôt Mengs ne parlait plus lui-même que de la beauté antique, et le digne Winckelmann s'écriait en 1761, à la vue de son *Parnasse* peint à fresque à la villa Albani : « Les temps modernes n'ont rien produit de plus beau ! Raphaël lui-même serait forcé de s'incliner ! »

En réalité pourtant, Mengs, sous prétexte de chercher la beauté idéale, s'est toujours borné à mélanger d'une façon habile et froide des formes empruntées à Corrège, au Guide, et à Raphaël lui-même. Sa grande *Ascension*, de l'église catholique de Dresde, ses fresques de la bibliothèque du Vatican et du Palais Royal de Madrid, ne valent pas, avec l'énormité de leurs prétentions, quelques petits portraits au pastel du Musée de Dresde, où il a daigné oublier la beauté antique et reproduire simplement les modèles qu'il avait sous les yeux.

Mengs a été la première victime des théories de Winckelmann. Il eut pour successeurs, dans ce triste rôle : Adam Frédéric Oeser, de Presbourg (1717-1799), peintre médiocre, mais à qui l'on fait grand honneur de l'enseignement artistique qu'il donna au jeune Gœthe, Guillaume Tischbein, de Hayna (1751-1829), peintre non moins médiocre, aujourd'hui connu seulement, lui aussi, par ses relations avec Gœthe, dont il nous a laissé un assez bon portrait (au Musée Staedel, de Francfort), enfin le malheureux Asmus-Jacob Carstens, qui resta toujours un exécutant gauche et inexpérimenté, mais qui paraît avoir eu une âme d'artiste autrement originale que celles de Mengs ou de Winckelmann.

Carstens était né en 1754 à Jurgen, près de Schleswig. Son père était un pauvre meunier de village, et Carstens eut à lutter toute sa vie contre la misère. Ses premières études se firent au hasard, dans les églises des villages voisins. En 1777, il put se rendre à l'Académie de Copenhague, et plus tard entreprendre le voyage d'Italie. Mais ce premier voyage d'Italie ne dépassa pas Milan : le jeune homme, à court d'argent, ayant été forcé de rentrer en Allemagne. C'est seulement en 1792 qu'une subvention du gouvernement prussien le mit à même de s'installer à Rome. Sa véritable carrière artistique ne date en réalité que de ce moment : elle devait être de bien courte durée. Carstens mourut six ans après, en 1798, emporté par une phtisie dont il souffrait depuis très longtemps.

L'œuvre de Carstens consiste presque entièrement en dessins et en cartons, conservés pour la plupart à Weimar et à Copenhague. Les sujets sont empruntés à la mythologie grecque ; la forme, manifestement imitée de Raphaël et surtout de Michel-Ange. La gaucherie de l'exécution révèle l'absence d'une éducation artistique sérieuse et un fatal dédain de l'observation personnelle. Seule, la composition générale mérite d'intéresser : elle est souvent, en revanche, d'une intensité de sentiment singulière, comme si Carstens s'était imprégné des légendes antiques au point de leur accorder une foi religieuse.

Pendant son séjour à Rome, Carstens a exercé autour de lui une influence très vive. Une exposition de ses cartons, organisée par lui-même à la villa Battoni, eut toute l'importance d'un événement artistique. L'exemple de Carstens a contribué autant et plus que les théories de Winckelmann à déterminer la vocation de trois peintres d'ailleurs assez médiocres, Eberhard Wachter (1762-1852), auteur d'un grand tableau, *Job et ses amis* (Musée de Stüttgart) ; Gottlieb Schick (1772-1812), auteur d'un *Apollon parmi les Bergers* (aussi à Stüttgart), et le Tyrolien Joseph Koch (1768-1839) qui, transportant dans le paysage les tendances idéalistes et classiques de l'art de Carstens, a eu la naïve prétention de rendre, non point la nature telle qu'elle est, mais l'essence intime et abstraite de la nature. Son œuvre capitale, un grand paysage avec figures mythologiques, au Musée Staedel, de Francfort, est une

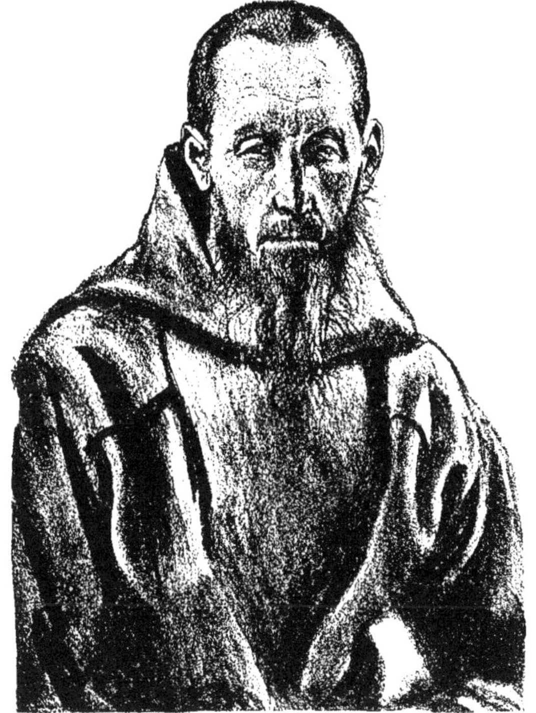

ÉTUDE DE MOINE.
Fac-simile d'un dessin au crayon de M. Ad. Menzel.

preuve saisissante de la noblesse et de la stérilité de ses inventions. Encore Joseph Koch a-t-il eu, comme Carstens, un véritable sentiment de l'idéal littéraire antique, tandis que les paysages trop célèbres de son successeur Rottmann (1798-1850), sont, pour la plupart, simplement ridicules, avec la gauche violence de leur coloris et la pompe soi-disant synthétique de leur composition. Un autre élève de Koch, Frédéric Preller, de Weimar (1804-1878), a donné, au contraire, dans un cycle de *Paysages de l'Odyssée*, peint à l'encaustique au Musée de Weimar, le spécimen le plus remarquable des tendances et des procédés du paysage soi-disant classique. Seul de toute l'école, il a su animer ses figures d'une apparence de vie et dissimuler un peu l'artifice de sa composition.

Enfin les traditions de Winckelmann et de l'école classique se retrouvent dans l'œuvre bizarre d'un peintre contemporain, qui a eu, comme Carstens, à lutter presque tout le long de sa vie contre la misère et la maladie. Ce peintre, Bonaventure Genelli, était né à Berlin d'une famille italienne depuis longtemps établie en Allemagne. Les parents du jeune homme étaient des admirateurs et des amis de Carstens, et c'est dans ses principes qu'ils prirent soin d'élever leur fils. A 22 ans, il partit pour Rome, où Joseph Koch le fortifia encore dans son amour passionné de l'antiquité classique, aussi bien que dans son dédain de l'observation de la nature et de la science technique. Toute sa vie, Genelli ignora le métier de la peinture à l'huile. En 1832, chargé de décorer de fresques une maison de Leipzig, il dut laisser son travail inachevé, faute d'une expérience suffisante. Plus tard, il vint s'établir à Munich où il traînait une existence misérable, s'occupant surtout de dessins pour les lithographes, lorsqu'il fut pour ainsi dire découvert, vers 1855, par un gentilhomme bavarois qui a été le protecteur et le soutien de la plupart des peintres allemands contemporains, le comte de Schack. Le comte de Schack commanda à Genelli plusieurs grandes séries d'illustrations, et les quatre tableaux que l'on peut voir aujourd'hui dans la fameuse galerie Schack, à Munich : l'*Enlèvement d'Europe*, l'*Hercule Musagète*, *Bacchus avec les Muses* et un rideau de théâtre où figurent *les Vices*, *les Passions et les Vertus de l'humanité*. Grâce à ce généreux client, Genelli put enfin consacrer entièrement au travail les dernières années de sa vie.

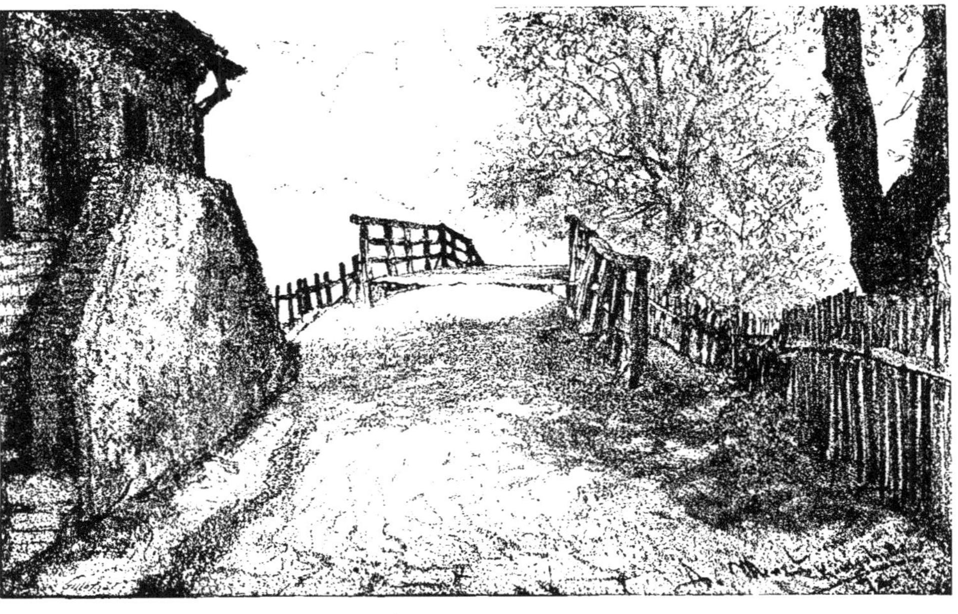

Étude de paysage.
(Fac-similé d'un dessin au crayon de M. Ad. Menzel.)

Il est difficile d'apprécier avec impartialité le talent de Genelli. Ses tableaux sont d'un coloris si pauvre et si déplaisant, d'un dessin si artificiel, qu'il faut, pour découvrir leurs qualités, s'être petit à petit familiarisé avec leurs défauts. Mais il y a dans leur composition, dans l'agencement des figures et dans la disposition de chacune d'elles en particulier une harmonie de lignes si gracieuse et si originale, avec un sentiment si particulier de l'effet décoratif, que l'on ne peut s'empêcher d'aimer à la longue ces pâles fantaisies, rêves d'un païen que n'a jamais ému la réalité extérieure, mais qui, du moins, a cherché toujours dans son art et non pas dans les œuvres des maîtres classiques le secret de la pure beauté.

II. — LES PEINTRES CHRÉTIENS ET ROMANTIQUES.

S'il nous fallait juger les peintres de l'école chrétienne seulement d'après la vue de leurs œuvres, nous aurions peine à deviner que ces peintres ont été les adversaires de l'école classique, et se sont efforcés d'opposer au style de Mengs et de Carstens un style nouveau. Les sujets, à dire vrai, ne sont pas les mêmes : les peintres classiques préfèrent les emprunter à la mythologie, tandis que les peintres chrétiens les prennent plus volontiers dans la religion, la philosophie, ou les légendes nationales. Mais la distinction n'a rien d'absolu, et son importance se réduit à peu de chose en comparaison de la ressemblance des procédés employés dans l'une et l'autre école. C'est de part et d'autre le même dessin hésitant et mou, le même coloris étouffé ou criard, la même absence d'observation directe de la nature, la même imitation maladroite de Raphaël, de Michel-Ange et des Bolonais.

Et pourtant les faits sont incontestables : l'école chrétienne est née d'une réaction contre l'école classique. Chacun de ses principes était l'opposé des principes de Winckelmann, excepté malheureusement celui qui suffit à ôter toute valeur à une œuvre d'art, le mépris de la nature vivante. C'est faute d'avoir placé l'observation personnelle au

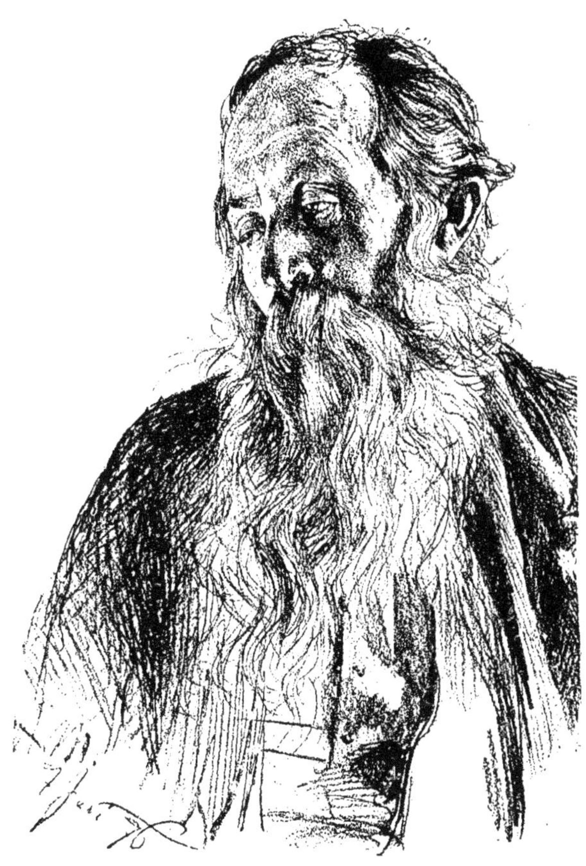

ÉTUDE DE TÊTE.

(Fac-similé d'un dessin au crayon de M. Menzel.)

premier rang des devoirs du peintre que les maîtres de l'école chrétienne et ceux de l'école classique sont tombés dans les mêmes défauts. La chose est d'autant plus regrettable, en ce qui touche l'école chrétienne, que tous ses autres principes étaient nouveaux et intéressants, et dignes de produire des œuvres durables.

Le premier de ces principes était la nécessité de la foi pour la création artistique. L'unique fondement de l'art, d'après les peintres chrétiens, était l'inspiration, et l'inspiration n'était donnée qu'à ceux qui avaient la foi.

On devine aisément les conséquences théoriques d'un tel principe : la préférence accordée au catholicisme sur le protestantisme, la préférence accordée aux peintres primitifs allemands ou italiens sur les maîtres de la Renaissance, la haine de la nature et la recherche passionnée de l'idéal. Frédéric Schlegel, le théoricien de la tendance nouvelle, fut aussi l'un des premiers qui donnèrent l'exemple de la conversion au catholicisme. Dans une revue qu'il dirigeait, l'*Europe*, il écrivait en 1803 que les peintres de la Renaissance, Raphaël, Titien Corrège, Michel-Ange, avaient inauguré la décadence de l'art italien. Ailleurs il affirmait que l'artiste allemand était tenu d'avoir le caractère des maîtres du moyen âge, d'être « fidèle de cœur, réfléchi, profondément ému, innocent, et aussi un peu inexpérimenté dans la partie technique de son art ».

Hélas ! c'est ce dernier point du programme de Schlegel qui s'est trouvé trop scrupuleusement réalisé dans les œuvres des peintres chrétiens allemands !

La plupart d'entre eux ont trop sacrifié la science à la foi, ils ont poussé trop loin le dédain de l'observation et l'inexpérience professionnelle que leur recommandait l'écrivain romantique. Le premier en date et le plus grand d'entre eux, Overbeck, s'est refusé toute sa vie à travailler d'après le modèle vivant : « J'aime mieux connaître un peu moins mon métier, écrivait-il à son père, et ne point perdre la pureté de cœur et d'esprit qui convient au chrétien. »

Cette ignorance du côté pratique de l'art, en enlevant à leur dessin

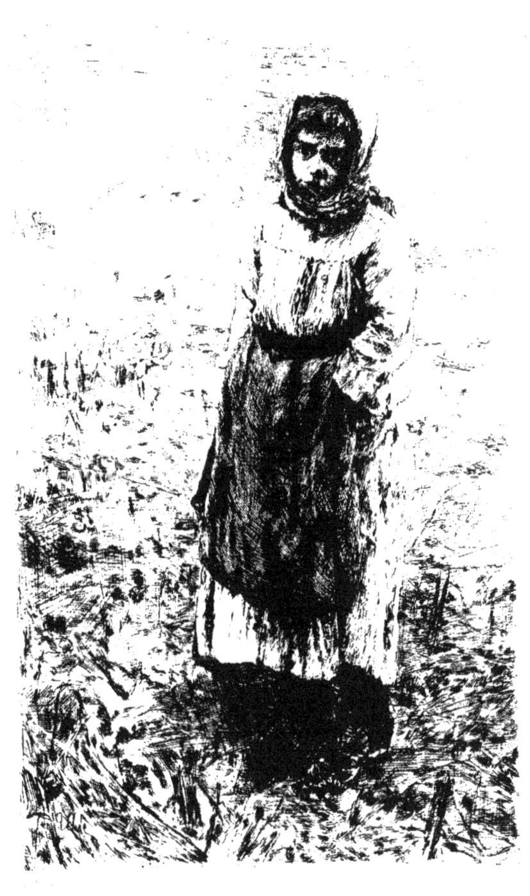

comme à leur coloris tout caractère solide et vivant, les a empêchés d'affirmer dans leurs œuvres la très réelle profondeur de leurs sentiments religieux. Filippo Lippi et le Pérugin, qui étaient, selon toute vraisemblance, d'exemplaires libertins fort peu soucieux des vérités mystiques, ont mis cependant dans leur peinture une émotion religieuse autrement manifeste que ces peintres allemands qui, réfugiés dans un couvent sur le Pincio, menaient la vie austère et contemplative des ascètes du moyen âge.

Il y a même, dans le cas de ces peintres, un détail à la fois lamentable et touchant. Leur manque de vision personnelle, leur inexpérience technique et leur naïveté étaient si grands, que tout en célébrant les maîtres primitifs, ils paraissent avoir à peu près complètement négligé de les regarder. Leur peinture ressemble bien davantage à celle des mauvais élèves de Raphaël, de Michel-Ange et des Bolonais qu'à celle des préraphaélites italiens ou des vieux peintres allemands. Seul, Overbeck a évidemment pratiqué le Pérugin : encore ne l'a-t-il imité qu'en lui enlevant tout ce qu'il avait de primitif, par l'amollissement des traits, l'effacement des couleurs et l'adjonction de figures d'un style tout moderne. Ainsi, pas un des principes de l'école chrétienne ne surnage aujourd'hui dans l'œuvre de ces maîtres, sauf le malheureux principe du dédain de l'observation naturelle.

Pour la plupart de ces maîtres, d'ailleurs, la chose n'a pas grande importance. Les compagnons et les successeurs immédiats d'Overbeck, ceux qui se sont convertis comme lui au catholicisme et ont été surnommés les Nazaréens, Schadow, Veit, Fuhrich, Steinle, ont laissé de très mauvaises peintures : guidés par d'autres principes esthétiques, ils n'en auraient sans doute pas laissé de meilleures. Mais nous ne pouvons nous empêcher de déplorer le cas d'Overbeck lui-même, et de garder pour cet homme infortuné une tendresse pleine d'indulgence. Pas un peintre, depuis le Fra Angelico, n'a eu l'âme aussi pure, aussi naturellement encline aux rêves de la foi. Pas un non plus, dans les temps modernes, n'a eu au même degré le sentiment d'une certaine beauté mélancolique et douce, une beauté toute allemande ou plutôt toute septentrionale, expressive comme celle de certaines vierges de Cologne. Ni l'habileté du dessin, ni le talent de la composition ne lui auraient manqué si son dessin n'était pas toujours vulgarisé par une gaucherie faite d'inexpérience, et si sa composition, par l'excès de sa symétrie, n'attestait pas toujours l'ignorance foncière de la vie réelle. Overbeck est véritablement une victime de son école, ou plutôt encore une victime de son intelligence d'Allemand, et de l'esprit de système qui l'a empêché de concevoir tout compromis entre l'idéal et la nature.

Frédéric Overbeck est né à Lubeck en 1789, d'une famille de riches négociants. Il fit ses premières études de dessin à l'Académie de Vienne, mais il en fut chassé en 1810 pour avoir trop vivement exprimé son dédain à l'égard des tendances académiques régnantes. C'est alors qu'il partit pour Rome, où il vécut dans le travail et la méditation. Il mourut en 1869.

Deux petits tableaux, les *Fiançailles de la Vierge*, à la Galerie Nationale de Berlin, et une *Sainte Famille*, à la nouvelle Pinacothèque de Munich, sont les deux spécimens les plus parfaits du talent et des intentions d'Overbeck. L'imitation des formes de Raphaël y est manifeste, comme aussi le désir de concilier cette imitation avec l'inspiration mystique des peintres préraphaélites. Au Musée Staedel de Francfort, une série de cartons illustrant la *Jérusalem délivrée* permet également d'apprécier la noblesse des idées du peintre et la tendre délicatesse de son sentiment de la beauté. Les figures de jeunes femmes, plus inspirées de Pérugin que de Raphaël, ont une expression fière et ingénue ; et les yeux ne sont point choqués par ce coloris falot et incohérent, cette absence de clair-obscur et cette maladresse de la perspective qui rendent si déplaisant l'aspect général de l'œuvre peinte d'Overbeck.

Les deux grands tableaux de l'église Notre-Dame de Lubeck, la *Pieta*, et l'*Entrée de Jésus-Christ à Jérusalem*, sans avoir le charme pénétrant des peintures que nous avons citées, peuvent compter encore parmi ses œuvres les plus attrayantes. Ses défauts sont, au contraire, à peu près seuls en vue dans ses grandes compositions symboliques, jadis si célèbres, la série des *Sept Sacrements*, et ce *Triomphe de la Religion*

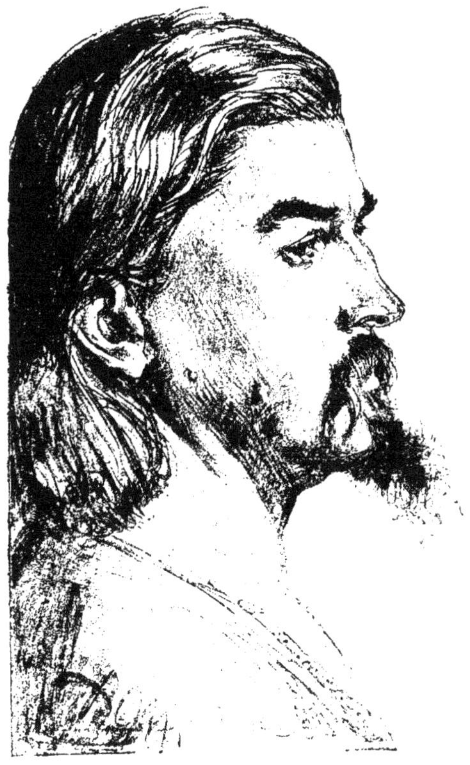

ÉTUDE DE TÊTE.
(Fac-similé d'un dessin au crayon de M. Ad. Menzel.)

dans les arts (au Musée Staedel), dont Overbeck a expliqué lui-même, dans une brochure, la signification et la portée. Hélas! il n'est pas nécessaire d'avoir lu sa brochure pour voir que son tableau est une médiocre imitation des grandes peintures symboliques de Raphaël, l'*École d'Athènes*, et la *Dispute du Saint-Sacrement*.

La Galerie Nationale de Berlin vient d'acquérir une série d'ouvrages qui offrent une importance historique considérable en ce qu'ils sont pour ainsi dire le manifeste collectif de l'école chrétienne. En 1815, un consul allemand à Rome, Bartholdi, imagina de faire peindre sur les murs de sa villa les diverses aventures de Joseph, et confia l'exécution de ces fresques au groupe des jeunes Nazaréens. Overbeck eut à représenter les *Sept années maigres* et *Joseph vendu par ses frères*. Les dessins qu'il fit pour ces peintures sont encore parmi ses chefs-d'œuvre : dans les dessins du second sujet, notamment, la figure de Benjamin est d'une douceur et d'une mélancolie adorables. Par malheur, toutes les qualités des dessins ont disparu dans les fresques; la facture est trop lourde et trop hésitante; les détails les plus gracieux ont pris un aspect vulgaire. Rien ne prouve mieux que cette comparaison combien il eût été possible à Overbeck de devenir un maître dans son art, s'il n'avait point pris trop au sérieux les plaisanteries de Schlegel.

Le profond et naïf sentiment qui parfois se fait jour sous les gaucheries de la forme dans les œuvres d'Overbeck, vainement vous en chercheriez la trace dans les œuvres des compagnons et des successeurs du maître : de Philippe Veit (1793-1878), de Joseph Fuhrich (1800-1876), d'Édouard Steinle (1810-1885). Pour être sortis d'une foi sincère, et pour avoir dans leur temps excité l'enthousiasme de la critique et du public, les froides et banales peintures religieuses de ces peintres ne nous en paraissent pas moins aujourd'hui inférieures aux plus médiocres machines de Timbal et d'Abel de Pujol. Ni la couleur, toujours lourde, déplaisante et convenue, ni le dessin, d'une noblesse souvent incorrecte, ni la composition, qui vise à être symbolique et n'est que factice, rien dans ces énormes fresques, tableaux, cartons, etc., n'indique l'esprit d'un artiste ou la main d'un bon ouvrier. Qu'il nous suffise donc de citer rapidement les peintures jadis les

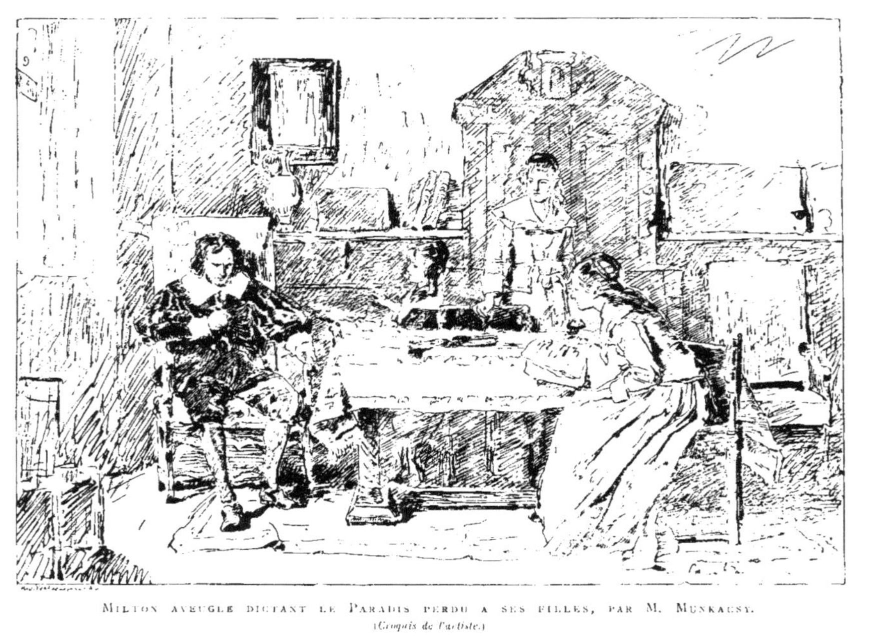

Milton aveugle dictant le Paradis perdu a ses filles, par M. Munkacsy.
(*Croquis de l'artiste.*)

plus fameuses de ces hommes à jamais oubliés. De Veit : l'*Introduction du Christianisme en Allemagne*, fresque au Musée Staedel de Francfort, et les *Saintes Femmes au Tombeau du Christ*, grand tableau à la Galerie Nationale de Berlin; de Fuhrich : *Jacob et Rachel* au Musée de Vienne; de Steinle : la *Loreley* et le *Joueur de violon*, de la Galerie Schack, à Munich, les deux meilleurs ouvrages de toute l'école chrétienne au point de vue de la correction du dessin et de la fraîcheur du coloris.

Deux peintres, qui ont longtemps égalé et même surpassé la célébrité d'Overbeck, Pierre Cornelius et Jules Schnorr de Carolsfeld, se rattachent de très près à l'école chrétienne, sans en faire précisément partie. L'un et l'autre ont essayé de réagir contre le mysticisme d'Overbeck en consacrant la peinture allemande à la célébration des sentiments nationaux allemands. Par malheur, il en est de leurs intentions comme de celles d'Overbeck et de ses compagnons : il faut étudier leurs écrits et les récits de leurs biographes pour deviner ce qu'ils ont voulu faire, leur peinture étant avant tout de la mauvaise peinture.

Pierre Cornélius est né à Dusseldorff en 1783. Lorsqu'il vint à Rome en 1811, son éducation artistique était très incomplète; et c'est faute d'avoir appris son métier d'assez bonne heure qu'il n'est jamais parvenu à le bien connaître.

Pourtant ce jeune homme ignorant et maladroit s'était attaqué déjà à un sujet énorme : il avait composé une série de grands dessins pour l'illustration du *Faust* de Gœthe, et ces dessins, conservés aujourd'hui au Musée Staedel, présentent déjà en germe toutes les qualités et tous les défauts de ses œuvres ultérieures. Le mouvement y est souvent très juste et la composition ingénieuse, mais le manque d'expérience donne au dessin une apparence lâchée et banale. Cornélius se préparait à illustrer de la même façon l'épopée allemande des *Niebelungen*, lorsque la vue des œuvres de Michel-Ange et de Jules Romain vint le détourner pour quelque temps de ses projets patriotiques.

Il prit part, lui aussi, à la décoration de la villa Bartholdi, et ce fut sous l'influence directe d'Overbeck qu'il peignit ses deux meilleurs tableaux : une *Sainte Famille* du Musée Municipal de Francfort, et un *Repos en Égypte*, de la Galerie Schack. En 1818, il revint en Allemagne, séjourna d'abord à Dusseldorff, puis s'installa à Munich, où le

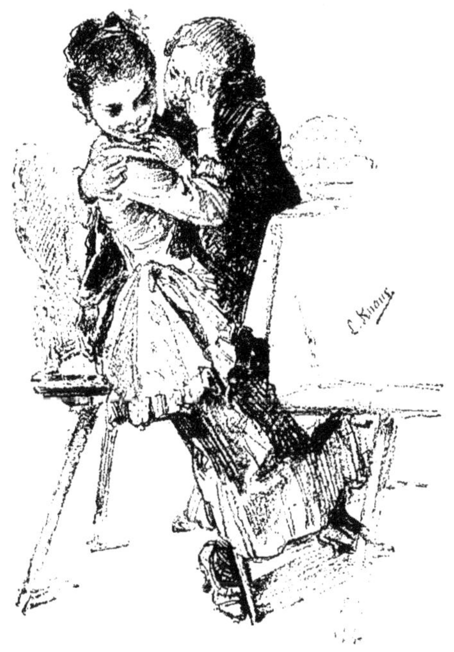

GROUPE DE LA « FÊTE D'ENFANTS », TABLEAU DE M. LOUIS KNAUS.
(Croquis de l'artiste.)

prince héritier Louis, devenu peu après le roi Louis Ier, lui confia la direction artistique des énormes travaux qu'il avait projetés. Cornélius a laissé à Munich un très grand nombre d'ouvrages, exécutés sous ses ordres, il est vrai, plutôt que par lui-même. Ses deux œuvres capitales dans la ville bavaroise sont la prétentieuse décoration murale de trois salles de la Glyptothèque, et l'énorme tableau d'autel de l'église Saint-Louis, le *Jugement dernier*. En 1841, Cornélius quitta Munich pour se fixer à Berlin, où Frédéric-Guillaume IV le chargea de décorer de fresques un Campo-Santo qu'il voulait créer dans le voisinage du Dôme. Cornélius passa les vingt dernières années de sa vie à dessiner les cartons de ces fresques, qui ne furent jamais exécutées. Les cartons sont conservés à la Galerie Nationale de Berlin, et, avec les fresques de la Glyptothèque et le *Jugement dernier*, constituent l'œuvre la plus importante, sinon la plus parfaite, du maître de Dusseldorff. Ils ont, d'ailleurs, sur les peintures de Munich, l'avantage d'être de simples dessins; avantage énorme, car Cornélius ne paraît pas jamais avoir daigné apprendre à se servir d'un pinceau. Il chargeait le plus souvent ses élèves de mettre des couleurs à sa peinture, et c'était bien pis encore quand il était forcé de les mettre lui-même. Le dessin, au contraire, est le plus souvent très intéressant. Dans les cartons de Berlin en particulier, qui témoignent à ce point de vue d'un progrès énorme chez Cornélius, les mouvements ont une force et une aisance qui seraient tout à fait admirables si, de temps à autre, une faute dans le modelé ne venait rappeler le mépris du peintre pour l'observation de la nature. L'imitation de Michel-Ange est partout visible; mais on sent comme un effort pour la secouer et pour adapter une forme nouvelle à des sentiments nouveaux. Il est fâcheux, en revanche, que les sentiments eux-mêmes aient toujours été chez Cornélius plus bruyants que profonds; au contraire de ses contemporains, chez qui l'émotion est tout intérieure, l'émotion chez Cornélius ne dépasse point la surface. Elle se traduit par des mouvements exagérés, des contrastes de lignes; mais on sent toujours que le cœur reste froid. C'est dans son esprit et non pas dans son cœur que Cornélius a toujours cherché son inspiration. Aussi est-il par excellence le peintre à programme : chacune de ses compositions constitue tout un système de philosophie ou de morale. Ses figures ne font pas un geste qui ne symbolise quelque vérité abstraite. De là un ennui mortel; le

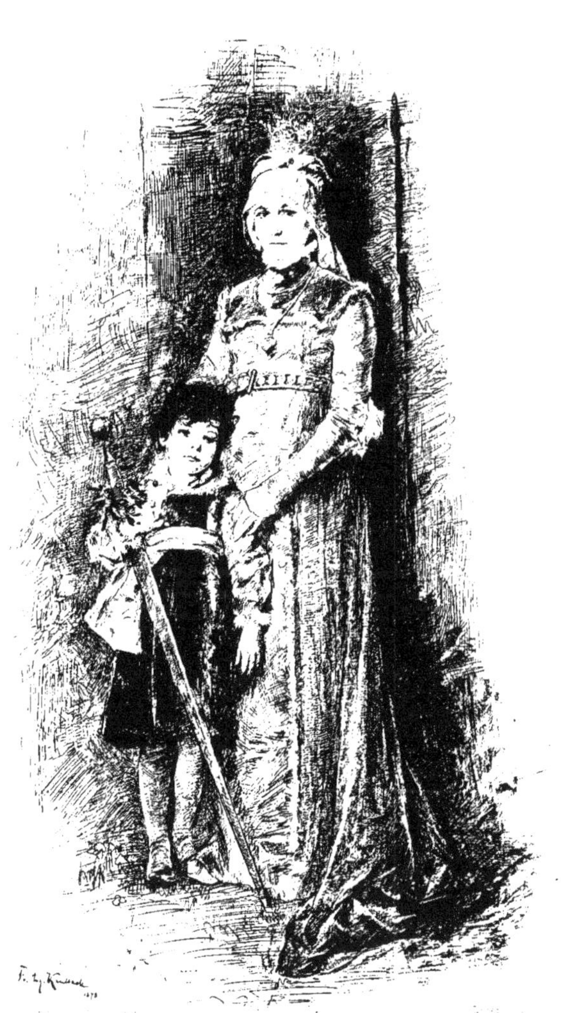

pauvre Cornélius expie chèrement la fastuosité de ses intentions.

Une passion profonde et toute cordiale anime, au contraire, et nous fait aimer les œuvres de Jules Schnorr de Carolsfeld (1794-1872), le premier des peintres allemands qui ait sérieusement essayé de réagir contre les influences italiennes pour restaurer en Allemagne un style national. Malheureusement Schnorr n'était pas meilleur coloriste que

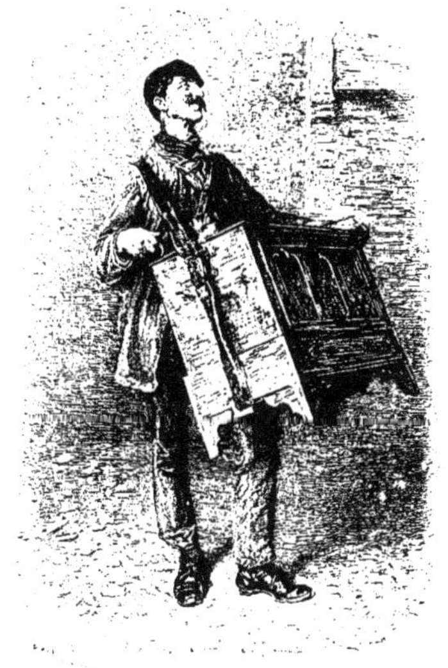

LE JOUEUR D'ORGUE, PAR M. LOUIS KNAUS.

Cornélius et il était loin d'avoir la même maîtrise du dessin. Il faut deviner le sentiment intime sous l'apparence exsangue et maladroite de ses peintures historico-légendaires : et nous serions tentés d'ajouter le nom de Schnorr à ceux des Nazaréens compagnons d'Overbeck, si quelques dessins et un petit *Roi des Aulnes* de la Galerie Schack, ne venaient attester chez ce peintre, en général si médiocre, une façon très profonde et très personnelle d'exprimer la poésie des vieilles légendes populaires. Ni Schubert, ni Lowe, ni les autres musiciens n'ont su donner au poème de Gœthe une expression à la fois si familière et si tragique. Et en terminant cette trop rapide revue des peintres de l'école chrétienne nous ne pouvons nous empêcher de déplorer une fois de plus que, faute d'une éducation technique suffisante et d'un goût suffisant de l'observation, les deux tempéraments de peintres les plus opposés, le mystique Overbeck et le fougueux Schnorr, en soient venus à pratiquer le même art froid et sans caractère, où l'avenir ne s'avisera guère de démêler les vestiges de leurs précieuses qualités naturelles.

III. — LES PEINTRES ÉCLECTIQUES ET LES COLORISTES

Nous avons essayé de définir les tendances qui avaient dirigé les peintres de l'école classique et de l'école chrétienne. Les œuvres de ces peintres ne diffèrent pas sensiblement entre elles et il faut connaître par ailleurs les théories qu'elles expriment pour les y deviner : mais, du moins, ces théories sont claires et précises et répondent à des états d'esprit déterminés. Nous ne voyons pas, au contraire, quels peuvent avoir été les principes théoriques de l'école de Dusseldorff, ni à quel état d'esprit peuvent correspondre les peintures de cette école. Car il ne faut plus y chercher ni la restauration de la beauté antique, ni l'expression de sentiments chrétiens ou nationaux. Tous les sujets sont traités indistinctement de la même façon prétentieuse et commune. Le dessin et la couleur, pour être maniés plus habilement que chez Carstens, Veit ou Steinle, sont encore très loin de l'habileté parfaite, et ni la vérité ni la beauté n'y trouvent leur compte. Cette première école de Dusseldorff n'a été rien de plus qu'une association d'éclectiques assez médiocres; on nous excusera de passer à la hâte sur leurs pesantes machines qui font aujourd'hui si triste figure dans les musées allemands. N'importe quel élève de Paul Delaroche a eu, pour traiter les mêmes sujets, un goût plus réservé et une science plus sûre. Le chef de l'école, Guillaume Schadow (1789-1872), fils d'un sculpteur célèbre, a été quelque temps, à Rome, le compagnon d'Overbeck et s'est converti avec lui au catholicisme. Nommé directeur de l'école de Dusseldorff, en 1826, il s'est consacré tout entier à l'enseignement, mais ne paraît pas être parvenu à éveiller chez ses jeunes élèves l'originalité artistique que lui-même ne possédait guère. Les *Enfants d'Édouard*, de Hildebrandt (1804-1874); les *Deux Léonores*, de Sohn (1805-1867); la *Sémiramis*, de Kœhler (1809-1851); l'*Age d'or*, de Hubner (1806-1882); toutes ces fades peintures qui encombrent aujourd'hui la Galerie Nationale de Berlin, sont les bien fâcheux témoignagnes d'un art académique niais et vulgaire.

Édouard Bendemann (1811-1889) et le trop célèbre Charles-Frédéric Lessing (1808-1880) ont bien essayé de se constituer une manière originale, le premier dans ses *Juifs en Captivité*, du Musée de Cologne, le second dans une série de *Scènes de la Vie de Jean Huss*. Mais à l'un comme à l'autre il a manqué la véritable originalité, l'art de faire vivre les sujets qu'ils traitaient.

C'est de nos jours seulement que l'école de Dusseldorff a acquis une réelle importance artistique. L'art académique de Schadow a cédé la place à l'art à demi réaliste, à demi sentimental, de M. Knaus et de ses élèves. Dusseldorff est devenue la capitale de la peinture de genre en Allemagne.

M. Knaus a été longtemps fameux en France comme dans sa patrie. Le Musée du Luxembourg possède un de ses ouvrages; médailles et décoration lui sont venues en foule. Aujourd'hui sa renommée est un peu déchue, et les tableaux qu'il expose de temps à autre ne sont pas faits pour la relever. Mais son influence est plus forte que jamais, et le genre qu'il a créé ne cesse point de prospérer. C'est qu'aussi bien le genre de M. Knaus est le genre allemand par excellence, il n'exige ni une science très solide ni une observation très prolongée, et la façon dont il combine la vérité avec le sentiment est à la fois agréable et peu coûteuse. Au lieu d'étudier, comme le fait, par exemple, M. Menzel, les moindres détails d'une scène populaire ou intime, et de les observer au seul point de vue de l'effet plastique. M. Knaus et ses imitateurs se contentent d'en noter les traits principaux, puis de les disposer d'une façon piquante, comique ou sentimentale, souvent les deux à la fois. Le procédé est simple : les résultats ont toutes les chances pour ne pas déplaire. Ajoutons, pour être juste, que M. Knaus ne manque en général ni de goût ni de savoir. Plusieurs de ses tableaux sont d'un coloris très délicat, et rivaliseraient avec les chefs-d'œuvre des petits Hollandais, n'était toujours on ne sait quel artifice dans la composition, quelque chose de trop spirituel qui ne tarde pas à lasser.

M. Louis Knaus est né à Wiesbaden en 1829. A 15 ans, il entra à l'Académie de Dusseldorff, où Sohn le traita avec une attention particulière. En 1849, il exposa son premier tableau, la *Dame sous le Tilleul ;* de 1851 datent les *Joueurs*, une œuvre déjà très caractéristique de sa manière, et le *Marché*, où le comique est poussé jusqu'à la charge. Venu à Paris en 1852, il y resta huit ans, est c'est à Paris qu'il peignit ses ouvrages les plus fameux : les *Tziganes dans le bois*, le *Lendemain de fête*, l'*Enterrement*, la *Cinquantaine*, le *Baptême*, l'*Enfant avec sa bonne* du Musée du Luxembourg. En 1860, après un voyage en Italie, il rentra en Allemagne, habita d'abord Berlin, puis revint se fixer à Dusseldorff. En 1873, il fut nommé professeur à l'Académie de Berlin. Son activité ne s'est pas ralentie pendant tout ce long espace d'années ; mais aucune des œuvres qu'il a peintes depuis son départ de Paris n'offre l'intérêt artistique de celles que nous avons citées, si ce n'est peut-être un second *Repos de Tziganes* et diverses scènes d'enfants assez spirituelles.

Parmi les imitateurs et les rivaux de M. Knaus, plusieurs sont aujourd'hui plus célèbres que lui en Allemagne : qu'il nous suffise de citer MM. Leibl, Gabl, Fagerlin, Diez, Meyerheim, Harburger, et surtout M. Defregger, artiste consciencieux et habile qui sait varier en mille façons un genre essentiellement accommodé aux goûts du public allemand.

A côté de ces peintres de genre qui se rattachent tous plus ou moins à la nouvelle école de Dusseldorff, deux paysagistes,

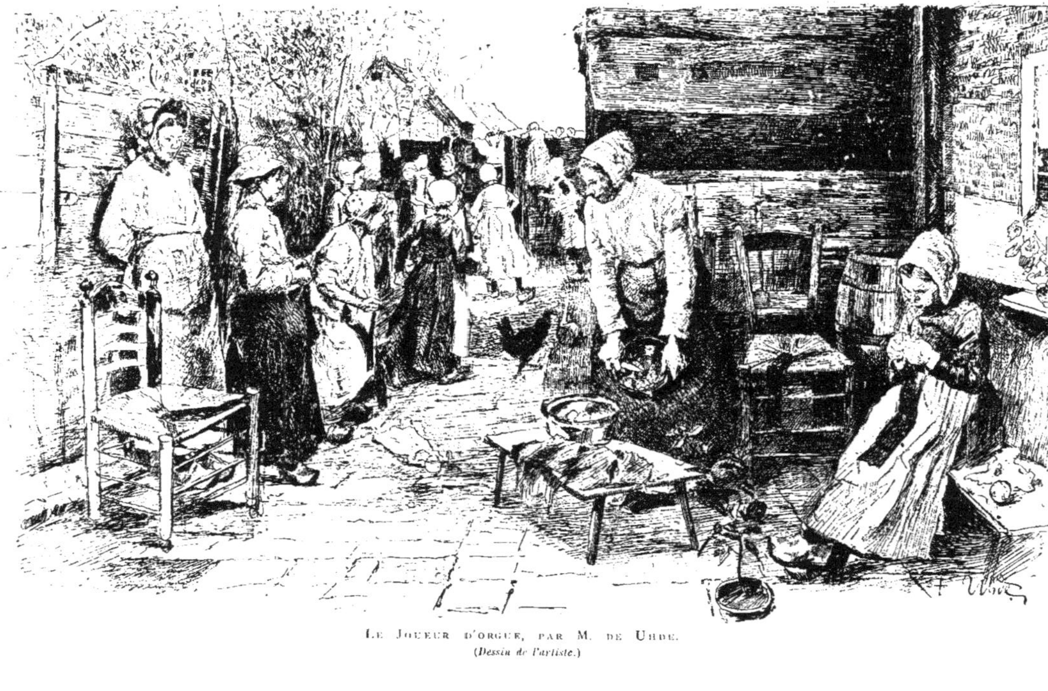

Le Joueur d'orgue, par M. de Uhde.
(*Dessin de l'artiste.*)

MM. Oswald et André Achenbach, pratiquent un art qui est, lui aussi, une espèce d'adroit compromis entre le réalisme et les vieilles traditions poétiques. Le mérite de leurs ouvrages est assez inégal, mais il leur arrive parfois de saisir et d'exprimer avec un rare bonheur certains effets de soleil couchant et de clair de lune. Il en est, en somme, de leurs paysages comme des scènes familières de M. Knaus; la première impression est tout agréable, mais l'insuffisance de l'observation ne tarde pas à faire paraître froides et monotones celles même de leurs compositions dont on a été d'abord le plus frappé.

Mais il est temps de revenir aux contemporains de la première école de Dusseldorff.

Alfred Rethel, né à Aix-la-Chapelle en 1816, mort en 1859, a étudié quelque temps à Dusseldorff, mais c'est à Francfort, dans l'atelier de Veit, qu'il a développé son remarquable talent de dessinateur.

Son œuvre capitale, une série de fresques peintes à l'Hôtel de Ville d'Aix-la-Chapelle, dénote un tempérament assez pareil à celui de Cornélius, fougueux et un peu emphatique; mais il semble que Rethel, s'il n'avait pas été enlevé prématurément à l'art par une terrible maladie, aurait pu devenir un des maîtres les plus originaux de l'École allemande. Ses dessins, où quelque chose de sombre et de tragique perce toujours sous l'apparente froideur des contours, attestent chez lui un sentiment superbe de l'harmonie des lignes et une observation très profonde de la nature.

Tandis que Rethel sort peu à peu de l'obscurité et s'impose à l'attention de la critique, un peintre jadis fameux entre tous, Guillaume Kaulbach (1806-1874), s'enfonce par degrés dans l'oubli. Phénomène assez rare dans l'histoire de l'art, Kaulbach est devenu peintre malgré lui. C'est à contre-cœur, et pour obéir au désir formel de ses parents, que le jeune homme reçut à Dusseldorff les leçons de Cornélius, et plus tard suivit son maître à Munich. A la longue pourtant il se résigna à être un artiste. Il publia d'assez médiocres dessins à prétentions satiriques, peignit divers sujets au Palais de la Résidence, et bientôt abandonna le style michelangesque de Cornélius pour adopter un style électique, où les formes étaient moins

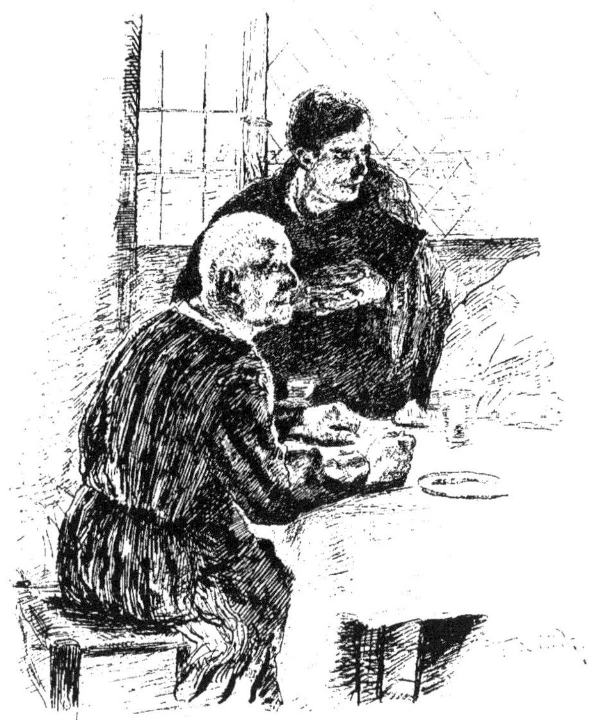

Fragment de la « Sainte Cène », tableau de M. de Uhde.

nobles et moins pures, mais où le coloris semblait vouloir prendre une place prépondérante. Kaulbach a, en effet, passé pendant vingt ans pour un coloriste. En réalité, son coloris manque de caractère comme son dessin; au lieu d'être effacé, il est violent et criard, voilà tout. Son œuvre principale, le cycle de peintures dont il a décoré le grand escalier du Nouveau Musée de Berlin, n'est, à vrai dire, qu'une série d'épisodes maladroitement illustrés. Sous prétexte de représenter une histoire complète de la civilisation, Kaulbach a hissé sans raison l'anecdote aux proportions de la grande composition symbolique. Peut-être cependant ce peintre d'histoire médiocre aurait-il pu devenir un assez bon peintre de mœurs; ses petits tableaux et ses illustrations rachètent l'insuffisance de la facture par une verve sarcastique assez originale.

Kaulbach a eu dans l'histoire de l'art de son pays un rôle fâcheux. Il a marqué la déchéance des efforts idéalistes d'Overbeck et de ses rivaux. Dans une école qui n'avait pour elle que la noblesse de ses intentions, il a introduit la vulgarité et la platitude. Tout au contraire, un peintre de la même époque, le Viennois Maurice de Schwind (1804-1871), a essayé d'accentuer encore les tendances poétiques de ses prédécesseurs. Abandonnant les traditions classiques et les traditions chrétiennes, il est allé à une source d'inspiration où aucun de ses compatriotes ne s'était avisé de puiser, aux vieilles légendes du Rhin, aux contes et aux romans populaires. Il a représenté avec une variété admirable les jeux des Elfes, des Ondines et Kobolds, les ruses de Loreley et de Mélusine, les exploits du forgeron Wieland. Le choix de pareils sujets suffirait déjà pour constituer à Schwind une place originale dans l'histoire de la peinture allemande; mais ses sujets ne sont rien auprès de la naïve et délicieuse poésie avec laquelle il les a traduits. Jamais un peintre n'a été plus voisin du peuple, mieux fait pour recueillir et pour exprimer les sentiments épars autour de lui. Parfois même nous voyons que toute affectation romantique a disparu de son âme; seule est restée la simple émotion populaire, la croyance irréfléchie à ce monde surnaturel et pourtant si proche de nous. Ce que Heine, Chamisso, Tieck et Novalis ont essayé dans leurs vers, Lamotte-Fouqué dans sa nouvelle d'*Ondine*, Schubert et Lowe dans leurs *Lieds*, Schwind l'a essayé dans ses

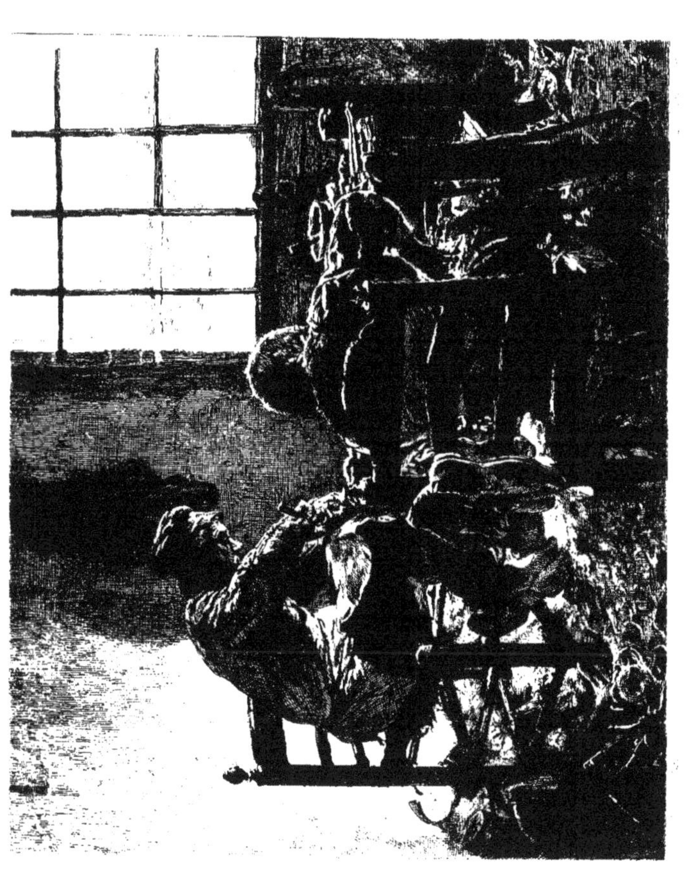

tableaux et ses dessins, avec une inspiration plus pure, plus naturellement enfantine. Par malheur il lui a manqué le talent d'exécution qui aurait convenu à l'originalité de ses idées. Ce n'est pas qu'il dessine ou peigne plus mal que ses devanciers : ses formes sont, au contraire, aussi gracieuses que celles d'Overbeck, et son coloris a parfois d'heureuses trouvailles. Mais il n'a pas eu la faculté de se constituer une forme originale, ou simplement de comprendre qu'il y a plusieurs formes possibles et qu'une seule ne peut suffire à tous les genres de sujets. Élevé dans l'école des peintres classiques et chrétiens, il a repris la manière de peindre de ses prédécesseurs. Aussi ses grands tableaux sont-ils assez froids: ses fresques de la Résidence de Munich, du Palais des Beaux-Arts de Carlsruhe et de l'Opéra de Vienne déplaisent par une disproportion manifeste entre les prétentions de la forme et la familiarité des sujets et des sentiments. Mais l'âme de Schwind se retrouve tout entière dans les petits tableaux que possède aujourd'hui le comte Schack. L'exécution y est souvent d'une gaucherie un peu maniérée; mais la composition est si simple et si expressive, les mouvements sont si appropriés à l'émotion générale, et les moindres détails coordonnés dans une harmonie si fraîche et si douce que l'on ne peut s'empêcher de préférer à tous les ouvrages des peintres allemands, depuis Cranach, ces petites images qui sont à peine de la peinture, ces romances enfantines, maladroites et un peu lourdes, imprégnées pourtant d'une pénétrante poésie.

Le peintre saxon Louis-Adrien Richter, né à Dresde en 1803, mort en 1884, est loin d'avoir éprouvé avec la même intensité les vieux sentiments populaires de l'Allemagne. Mais lui aussi a fait un effort pour restituer dans la peinture allemande la naïveté et la bonhomie du caractère national. Élevé à Rome, où il devint peintre de vues, à la façon de Koch ou de Rottmann, il se détacha bientôt de cette voie classique et commença à prendre ses sujets dans la vie du peuple. Sentant peut-être qu'il lui serait toujours impossible de se défaire des habitudes de peindre qu'on lui avait enseignées, il abandonna de plus en plus la peinture et se consacra pour ainsi dire exclusivement à la gravure sur bois, où il put se faire une forme tout à lui, adaptée au genre nouveau de ses sujets. La nombreuse série de ses illustrations, celles surtout où il retrace les épisodes de la vie des enfants, sont animées d'un naturalisme naïf et cordial qui justifie la popularité dont elles jouissent encore en Allemagne.

Si, comme nous l'avons dit au début de ce livre, l'exemple des anciens peintres allemands ne venait pas toujours empêcher toute affirmation sur l'incapacité de la race allemande en matière artistique, si Holbein le Vieux, Burgmair et Grunewald n'avaient pas été d'incomparables coloristes, le sens de la couleur serait, parmi toutes les qualités nécessaires au peintre, celle que nous serions le plus tenté de refuser aux Allemands. Ni dans la décoration de leurs édifices publics et de leurs maisons, ni dans le choix des étoffes dont ils se costument, les Allemands ne paraissent apprécier le mérite propre des diverses couleurs ou le charme de leurs harmonies. Les tons dont ils s'entourent sont criards et discordants, comme si leurs yeux étaient trop faibles pour saisir des nuances. Et l'étude de la peinture allemande depuis le XVIIe siècle serait faite pour confirmer ce jugement pessimiste. Mengs, Carstens, Overbeck, Cornélius, aucun de ces artistes éminents n'a eu un sentiment original de la couleur : ceux qui ont prétendu au titre de coloristes, Kaulbach et les peintres de Dusseldorff, n'ont fait, en réalité, que remplacer le fade coloris de leurs prédécesseurs par un coloris brutal et désordonné.

C'est à cette seconde catégorie que doivent être rattachés trois peintres de date plus récente qui se sont donné une peine infinie pour devenir de grands coloristes.

Le premier est le Bavarois Charles Piloty (mort en 1886), qui remplaça Kaulbach à la tête de l'Académie de Munich. Ses énormes compositions, *Marie Stuart*, les *Girondin*, *Colombs apercevant l'Amérique*, *Galilée dans sa prison*, portent çà et là l'empreinte des maîtres vénitiens, qu'il a évidemment beaucoup étudiés : mais ce qui domine dans ces œuvres pompeuses et banales, c'est la recherche de l'effet

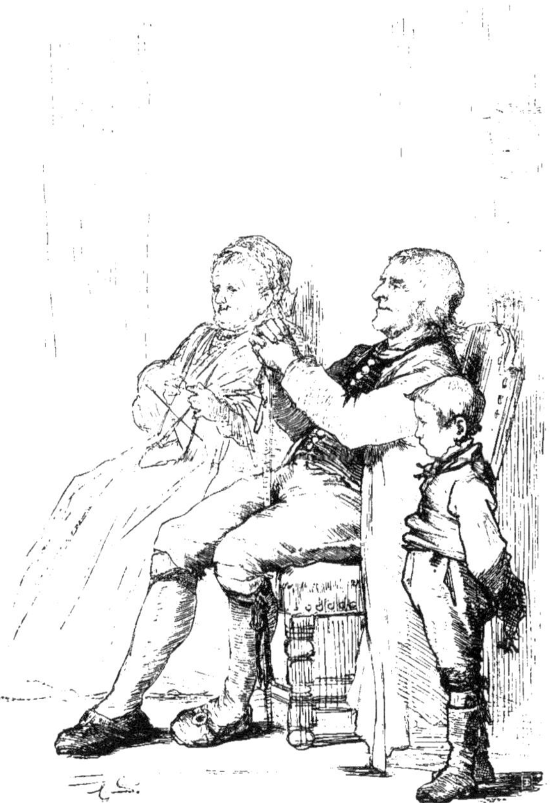

Fragment de la « Répétition générale », par M. Schlosser.

dramatique, obtenu par les moyens qu'emploient dans cette intention les régisseurs de théâtre. Les accessoires sont traités avec soin, les étoffes habilement drapées, les expressions accentuées comme il convient pour la mise au point. Rien, en somme, que de très honnête et de très médiocre. Piloty n'a pas été un rival de Paul Véronèse, mais simplement de Paul Delaroche, et tantôt il s'est élevé au-dessus, tantôt il est resté au-dessous de son concurrent français.

Son compatriote Anselme Feuerbach lui était de beaucoup supérieur sous le rapport de la noblesse des intentions et de l'intelligence artistique. Mais lui non plus n'a pas su approprier à sa nature d'Allemand ce coloris vénitien qu'il rêvait de ressusciter. Il a alourdi et assombri les couleurs du Titien sans arriver jamais à comprendre les intimes secrets de leur harmonie. Ses tableaux sont étranges et d'un effet assez tragique. Une sorte d'atmosphère verdâtre marque d'un singulier cachet de tristesse ses pâles figures au visage allongé, aux yeux durs et fixes; mais tout cela émeut d'une émotion très extérieure, et ne rachète pas le manque de toute vie, la discordance des couleurs, la médiocrité du dessin et du modelé. Feuerbach est encore un intentionniste : il est vis-à-vis des maîtres vénitiens ce qu'ont été Mengs, Overbeck, et Cornélius vis-à-vis de l'art antique et de l'art romain. Son admiration pour Titien le contraint malgré lui à l'imitation. Il a des sentiments modernes et ne trouve pas la force de leur donner une expression nouvelle. Tel il apparaît dans sa *Pieta* et dans son *Bonheur maternel*, de la galerie Schack, dans sa *Médée* de la Nouvelle Pinacothèque, dans son *Banquet de Platon* et dans son *Concert*, de la Galerie Nationale de Berlin.

Feuerbach est né en 1829. Son père, un archéologue célèbre, lui donna de très bonne heure le goût des beaux-arts. Après avoir étudié à Dusseldorff, il vint à Paris où il reçut les leçons de Couture; et toute sa vie il a hésité entre l'imitation de Titien et celle de Couture, sans trouver le moyen de concilier son culte des formes classiques avec la poussée toute moderne de ses sentiments. Il est mort à Venise en 1880, après une existence passée dans des alternatives inces-

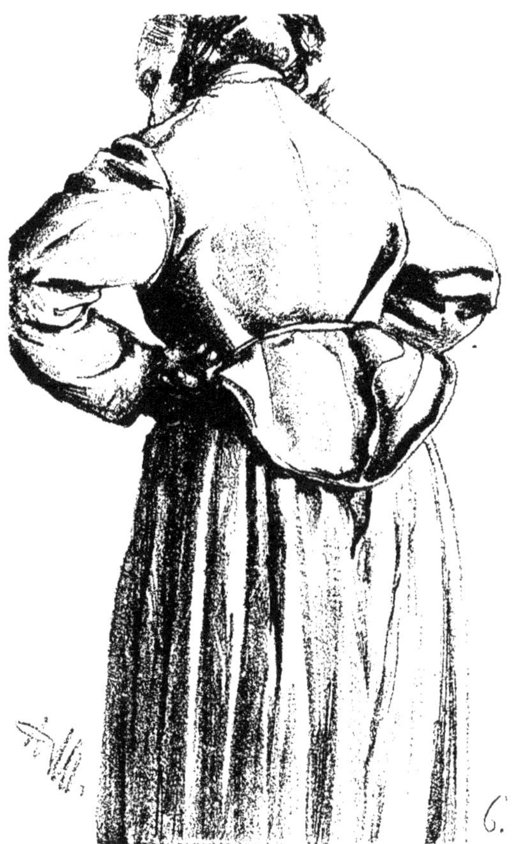

ÉTUDE AU CRAYON POUR LA « CRUCHE CASSÉE ».

Fac-similé d'un dessin de M. Ad. Menzel.

allemands, il s'est affranchi de l'admiration des classiques grecs et romains. Dans l'art plus romantique des Vénitiens, et surtout de Rubens, il a reconnu une vie bruyante et mouvementée qui convenait davan-

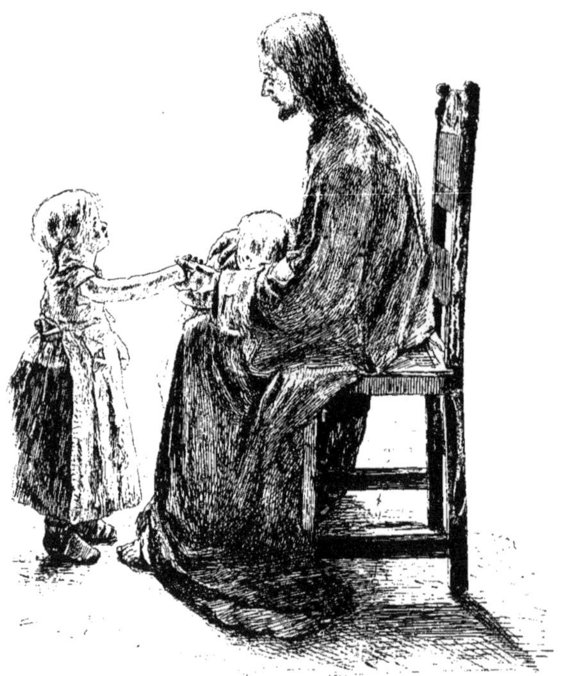

FRAGMENT DE « LAISSEZ VENIR A MOI LES PETITS ENFANTS », TABLEAU DE M. DE UHDE.
(Dessin de l'artiste.)

tage aux goûts modernes, et, avec une extrême souplesse de main, il s'est assimilé les parties extérieures de la méthode de ses maîtres. Sa peinture est un tapage de couleurs, un amoncellement d'étoffes voyantes et de chairs épanouies. Malheureusement son génie était plus fait de souplesse que d'originalité, et chacun de ses tableaux est un habile mélange d'éléments empruntés à droite ou à gauche. Lui aussi, comme la plupart des peintres allemands, il n'a été qu'un adaptateur ; mais au lieu d'adapter des formes étrangères à des sentiments très nobles et d'une pureté poussée jusqu'à l'artifice, il ne s'est point gêné d'exprimer dans son œuvre sa nature véritable, une nature fougueuse, sensuelle, au demeurant grossière. Le choix de ses modèles, les poses qu'il leur a données, les couleurs dont il les a décorés, tout cela dénote un tempérament d'homme du peuple jouisseur et sanguin, étranger à toutes les hautes aspirations idéales. C'est à travers ce tempérament qu'il a senti Véronèse et Rubens ; tout ce qu'il y a chez eux de noble et de profond lui a échappé. Il a offert à ses compatriotes une réduction de l'œuvre de ces grands hommes, exactement accommodée à la vulgarité de leurs goûts. De là son immense action sur le public : de là aussi le peu de durée de sa gloire. Car les goûts changent, et la sensualité a vite fait de se rassasier d'une forme par trop répétée. Le charme sensuel de la peinture de Makart, les attitudes lascives de ses figures, l'apparente chaleur de son coloris, tout cela a cessé de nous émouvoir. Son œuvre ne nous apparaît plus désormais que comme une œuvre d'art, et nous voyons à plein combien peu elle est personnelle, combien le fond en est grossier et la forme triviale. La toile même, d'ailleurs, semble nous avouer qu'elle n'était pas destinée à une longue durée : faute d'un soin suffisant, les couleurs s'assombrissent et s'écaillent, et bientôt rien ne restera plus de cet art qui a excité de si ardents enthousiasmes.

Il faut se garder pourtant d'être trop sévère pour Makart. La production de la jouissance sensuelle n'est pas le but le plus élevé que puisse se proposer un artiste; mais, à ceux même qui y tâchent, il n'est pas toujours donné de réussir. Makart a employé tout son talent à la recherche des effets les plus sûrs et les plus immédiats : du moins n'a-t-il pas échoué dans cette recherche comme tant de nos peintres français qui s'épuisent en d'inutiles excentricités. Comparées aux pré-

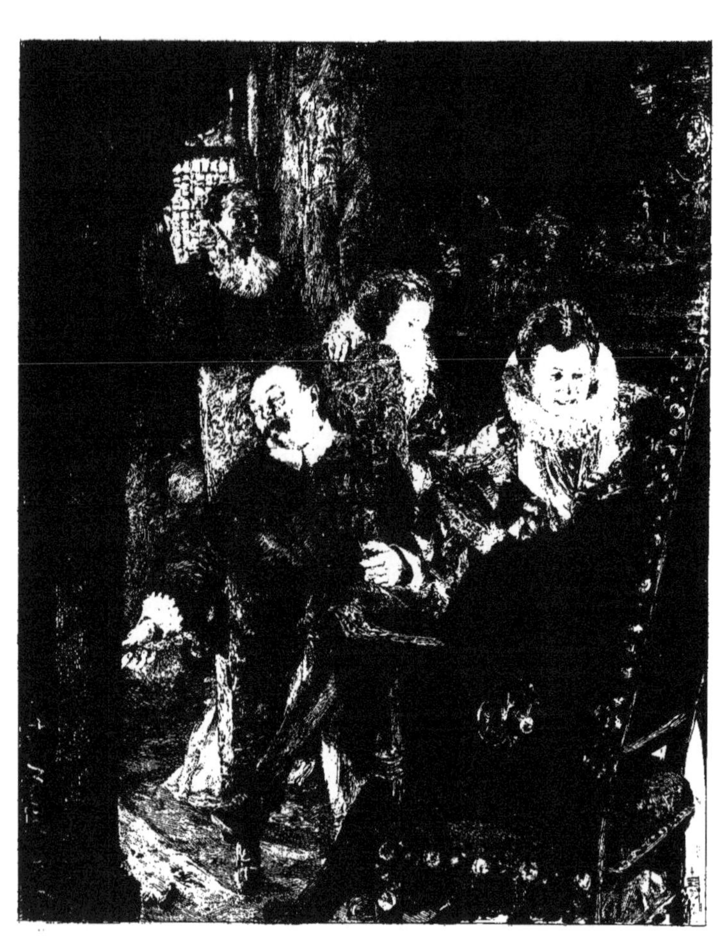

tentieuses machines de nos Salons, ses *Saisons*, sa *Cléopâtre* de Dresde, sa *Catherine Fornaro* de Berlin, sa fameuse *Entrée de Charles-Quint* de Hambourg sont de véritables œuvres d'art : leur coloris, pour être de mauvais goût, n'en est pas moins très riche, et

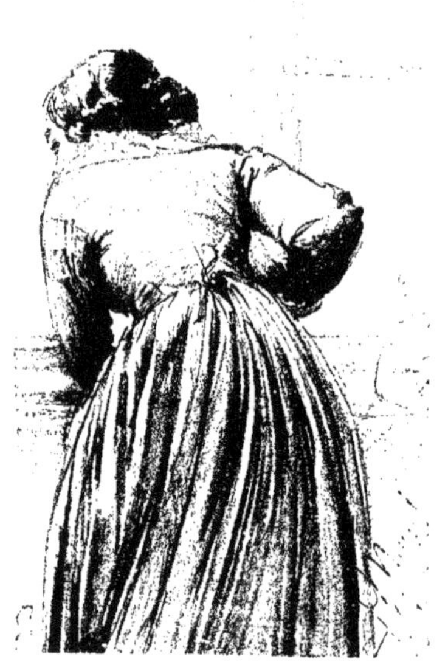

JEUNE FEMME A LA FENÊTRE.
(Fac-similé d'un dessin de M. Ad. Menzel.)

l'artifice de leur composition ne les empêche pas d'être très séduisantes. Parfois même, dans de petits sujets, comme dans les *Abondances* de la Nouvelle Pinacothèque, Makart retrouve quelque chose du charme et de l'enjouement des scènes d'enfants de Rubens. Il lui a manqué seulement, pour se faire un nom durable dans l'histoire de son art, d'avoir l'âme plus haute et une ambition plus patiente.

A mi-chemin, entre l'idéalisme nuageux de Feuerbach et le sensualisme vulgaire de Makart, un peintre de l'école de Munich, M. Gabriel Max, s'est constitué un genre à part qu'il continue à exercer avec honneur et profit. En réalité pourtant, c'est de Makart qu'il se rapproche surtout, car, lui aussi, a toujours en vue de produire une impression sensuelle immédiate ; mais, comprenant, sans doute, que les chairs opulentes et les fracas de couleur avaient fini d'émouvoir le public, il a choisi ses sujets dans l'ordre des rêveries, des scènes mystiques, des visions d'extase ; et c'est pour exciter les sens des spectateurs qu'il leur offre des vierges en prière, des vierges avec des chairs exsangues et d'énormes yeux ardents, des martyres chrétiennes, lascives et recueillies, des Jeanne d'Arc sur le bûcher, et des jeunes filles aveugles, et des Vénus Astartes. Aussi est-il à prévoir que l'action de M. Max, comme celle de Makart, sera de courte durée. Ce peintre habile et savant s'est condamné, d'ailleurs, à une monotonie d'effets désespérante. Chacun de ses tableaux présente toujours les mêmes types féminins, à l'ovale arrondi et aux yeux saillants, les mêmes tons d'argent, les mêmes harmonies de clair-obscur.

Ni Makart, ni M. Max ne sont, à proprement parler, des Allemands. Makart était né à Salzbourg, dans le Tyrol ; M. Max est né à Prague, en Bohême, vers 1840. Leur célèbre confrère, M. Munkacsy, lui, est Hongrois de naissance, Français d'éducation et de tempérament. Aucun lien ne le rattache aux peintres allemands dont nous venons de parler. Son talent s'appuie sur une science solide ; sa connaissance des effets de clair-obscur, notamment, est tout à fait remarquable. Avec cela, des intentions très originales, un grand sentiment de l'effet dramatique, une puissance incontestable de composition. Son *Christ en Croix*, du Musée de Dresde, son *Christ devant Pilate*, son *Milton aveugle*, son *Mozart agonisant*, témoignent d'une intelligence de la mise en scène que les Kaulbach et les Piloty n'ont jamais atteinte. Malheureusement, M. Munkacsy ne sait pas donner

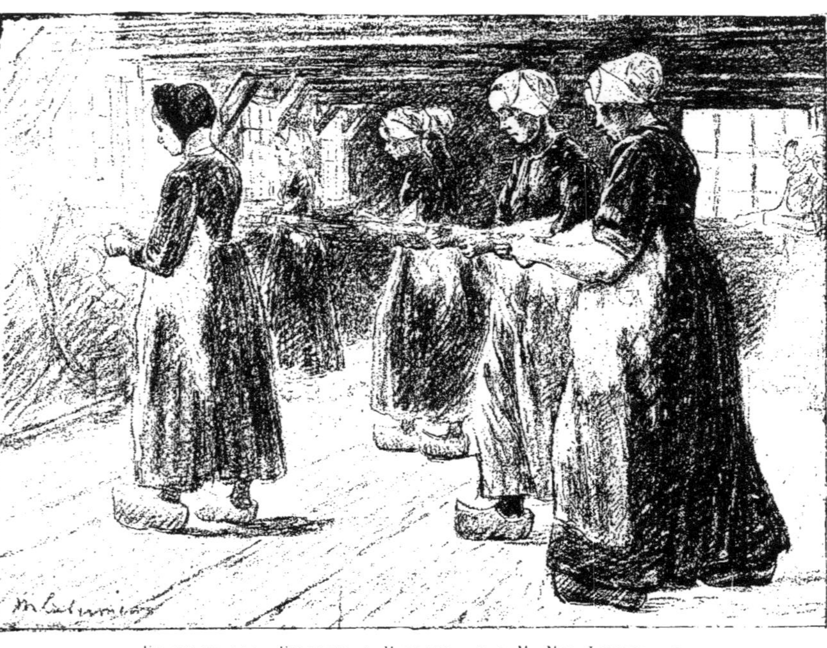

Fragment des « Fileuses a Haarlem », par M. Max Liebermann.
(Dessin de l'artiste.)

la vie à ses savantes et belles compositions. Ses personnages sont bien groupés, bien dessinés, avec de saisissants contrastes d'ombre et de lumière ; leurs gestes sont exactement ce qu'ils doivent être, sans la moindre emphase inutile ; leurs expressions sont très étudiées et rendues à souhait ; seule la vie manque, comme si l'artiste avait négligé d'allumer dans un coin une lampe qui doit tout éclairer.

IV. — LES PEINTRES RÉALISTES

Les peintres allemands dont il nous reste à parler forment au premier aspect un parfait contraste avec ceux que nous avons déjà passés en revue.

D'abord, ils sont des réalistes ; leurs tableaux ne sont point consacrés à des sujets religieux ou symboliques, mais à l'exacte représentation de la vie ordinaire. Quelques-uns d'entre eux ont pris parfois pour sujets des scènes historiques et même religieuses ; mais ils ont traité ces sujets avec un souci minutieux de la vérité naturelle, tandis que le choix des sujets les plus familiers n'empêchait pas les Kaulbach et les Hildebrandt de garder une manière toute d'artifice et de convention.

De plus, les réalistes allemands sont des praticiens très habiles, tandis que leurs prédécesseurs se sont toujours signalés par la gaucherie de leur technique. L'Allemagne n'a point produit depuis Dürer un dessinateur aussi original que M. Menzel, ni un peintre aussi expert dans toutes les ressources de son métier que M. Lenbach.

Pourtant ce contraste est loin d'être aussi complet qu'il peut le paraître. Les réalistes allemands restent bien au fond de la même race que les peintres classiques et chrétiens. Leurs principes diffèrent, et leurs habitudes ; le fond de la nature est toujours le même. Il suffit pour s'en convaincre de considérer les œuvres, non point des chefs du réalisme, mais de leurs élèves et de leurs successeurs.

On s'aperçoit aussitôt que pour être des réalistes, ces Allemands n'ont rien perdu de la sentimentalité nationale. Les scènes qu'ils

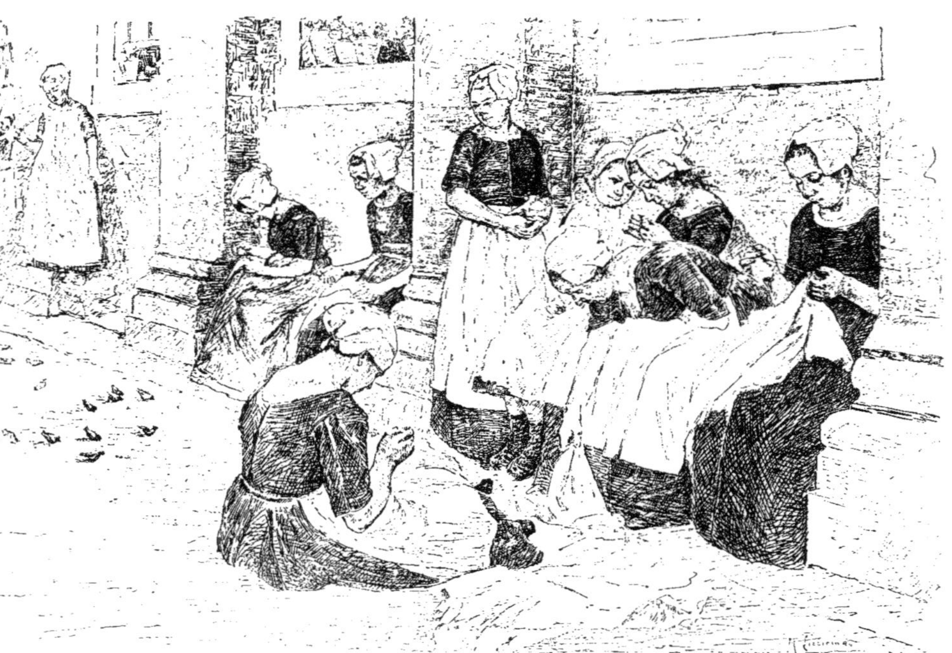

Fragment de la « Cour des Orphelines a Amsterdam », par M. Max Liebermann.
(*Dessin de l'artiste.*)

représentent, ils les choisissent à dessein touchantes ou comiques ; et dans leur manière même de les représenter, on sent que le désir d'émouvoir le cœur a plus de place que le désir d'intéresser les yeux.

On s'aperçoit ensuite que si l'habileté manuelle de ces peintres est en effet considérable, leur vision personnelle des choses extérieures n'en demeure pas moins assez vague. Ils sont savants, et instruits de tous les artifices ; mais ils continuent à mieux voir le mouvement que la forme, et l'expression des choses que leur beauté plastique. De plus il y a des parties de l'art du peintre où ils paraissent décidément inférieurs, le coloris surtout, le mélange harmonieux des tons.

Enfin, l'étude des dernières manifestations de la peinture allemande fait voir chez les jeunes artistes d'outre-Rhin comme un retour inconscient et fatal au symbolisme de leurs devanciers. Sous les formes les plus diverses, cette préoccupation du symbole et de l'idée philosophique s'insinue dans les œuvres des derniers réalistes allemands. Chez l'un, elle apparaît dans le choix de sujets religieux, traités, il est vrai, d'une façon toute naturaliste ; chez un autre, elle devient une recherche de contrastes sociaux, le riche à côté du pauvre, l'enfance à côté de la mort, etc. ; chez un autre encore, c'est le paysage qui revêt peu à peu un caractère symbolique, par une simplification du détail et une accentuation de l'effet général. Ainsi, chacun de son côté, ces jeunes gens reviennent, sans s'en apercevoir, aux traditions des Overbeck et des Cornélius : tourmentés à la fois du désir de vérité qui passionne tous les peintres d'aujourd'hui, et de ce désir de rêverie et d'idées générales qui reste, malgré tout, l'essence de l'âme germanique.

Mais il faut attendre que ces jeunes gens aient tout à fait secoué le poids de leur éducation et se soient constitué un style bien défini pour aborder en détail l'étude de leurs talents. Ici, nous ne pouvons parler que de leurs chefs, de ceux qui déjà se sont fait une manière à eux, et qui peuvent nous offrir une œuvre réalisée.

Parmi ceux-là, le peintre par excellence est assurément M. Len-

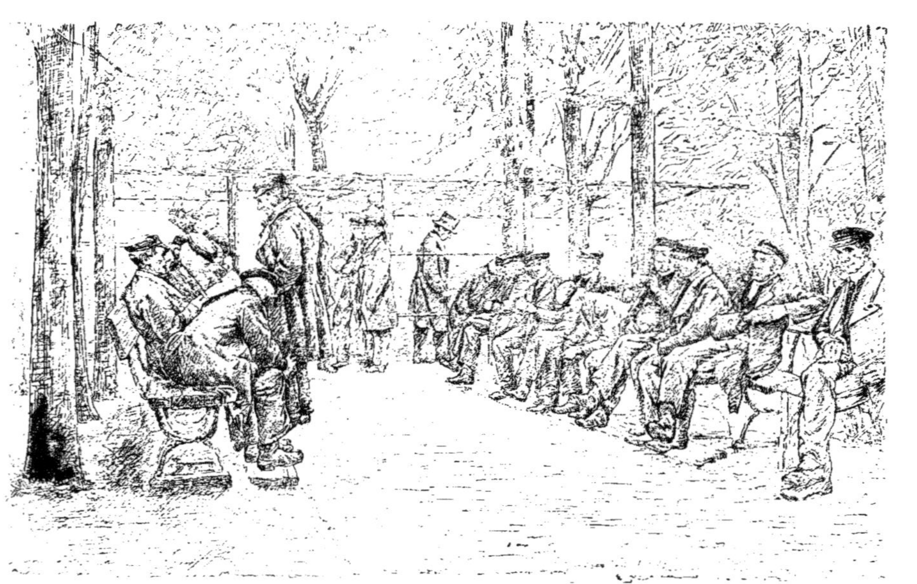

JARDIN D'UNE MAISON DE RETRAITE A AMSTERDAM, PAR M. MAX LIEBERMANN.
(Dessin de l'artiste.)

bach. S'il suffisait, pour être un grand peintre, de connaître à fond tous les secrets de son art, M. Lenbach serait même, sans contredit, le plus grand peintre du XIXe siècle. Que l'on voie dans la galerie Schack les copies qu'il a exécutées d'après Rubens, Van Dyck, Titien, Rembrandt, Velasquez : ce sont d'absolus chefs-d'œuvre. Jamais personne n'a si profondément saisi l'intime pensée des maîtres les plus divers, et n'a possédé pour la rendre une main d'une aussi prodigieuse sûreté. Un homme ainsi doué peut faire tout ce qu'il veut : et M. Lenbach l'a bien prouvé. Il a peint depuis cinquante ans une quantité incalculable de portraits, dont aucun ne ressemble à l'autre, dont aucun, dans un musée, ne passerait inaperçu. La pâte est d'une fermeté superbe ; le dessin est tantôt élégant et délicat, tantôt saisissant de vigueur ; le clair-obscur est traité comme il ne l'a pas été depuis Rembrandt. Il n'y a qu'un malheur : ces admirables portraits sont signés de M. Lenbach, mais ils ne sont pas de lui. C'est tour à tour Rubens, Titien, Tintoret, Rembrandt, ou Goya, ou Ricard. Tous les maîtres ont leur part dans l'œuvre de M. Lenbach, excepté M. Lenbach lui-même. L'auteur de tant de chefs-d'œuvre est peut-être aujourd'hui le seul peintre qui ne possède pas une manière à lui. Il est devenu trop savant et trop habile. A vouloir pénétrer jusqu'au bout le secret des maîtres, il a perdu le loisir de devenir un maître comme eux. Mieux que tout autre, il réalise le type du parfait virtuose ; mais l'artiste doit pouvoir créer de lui-même, et c'est à quoi M. Lenbach n'est jamais parvenu. A son talent plus varié et plus souple, nous préférons le talent plus original de M. Menzel.

Celui-là est à peu près universellement considéré comme l'un des plus grands parmi les maîtres contemporains. L'Allemagne vénère en lui une de ses gloires nationales ; à Paris, à Londres, il a des admirateurs enthousiastes. Son œuvre est loin cependant d'avoir la perfection technique de celle de M. Lenbach : le coloris y est lourd et monotone, le dessin même, sous une apparente maîtrise, présente parfois des traces de mollesse. Au point de vue de l'impression plastique extérieure, M. Menzel n'est remarquable que dans ses illustrations : là seulement

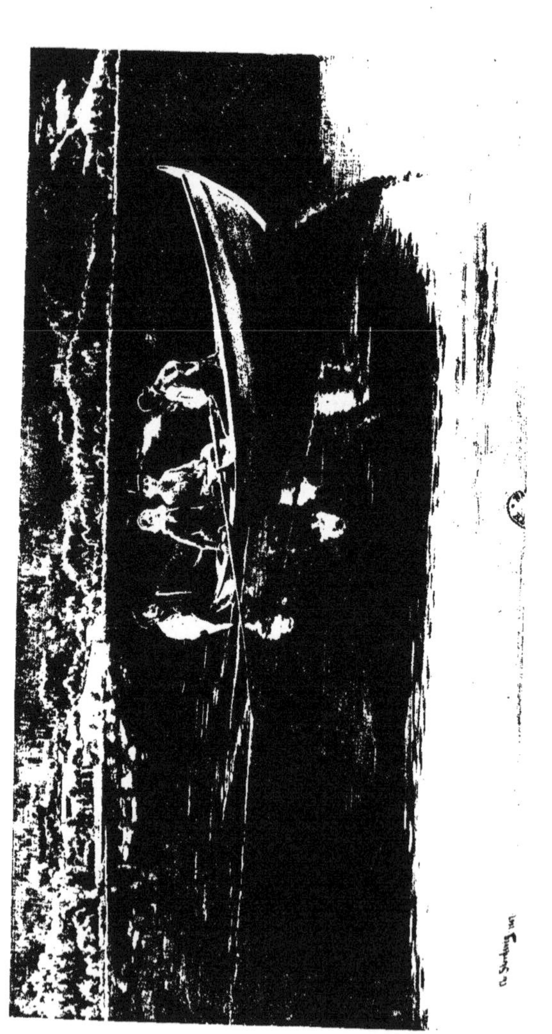

il parvient à procurer aux yeux un plaisir effectif, tandis que sa peinture a toujours quelque chose de dur et d'inélégant qui n'est point fait pour plaire. Mais ce qui est admirable chez M. Menzel, c'est précisément ce que nous avons admiré chez les Overbeck et les Schwind : c'est l'âme d'artiste, probe, ferme, convaincue et patiente, qui apparaît au fond de son œuvre.

Oui, ce qui frappe dans les tableaux et les dessins du peintre berlinois, c'est l'énergie de la volonté artistique. Nous sentons que M. Menzel, s'étant de bonne heure pénétré des avantages du réalisme, n'a pas eu de cesse qu'il n'ait approfondi les apparences extérieures, et acquis les secrets du mouvement et de la vie. Au lieu d'étudier les maîtres, comme a fait M. Lenbach, c'est le monde lui-même qu'il a interrogé, poursuivant d'année en année son minutieux examen. Voyez au Musée moderne de Berlin ses fameux tableaux le *Concert de flûte de Frédéric II*, le *Départ du roi de Prusse en* 1870, surtout la *Forge*, son chef-d'œuvre. Jamais il n'y a eu de peintures plus intentionnistes : les moindres détails sont disposés là pour un motif déterminé ; les vraisemblances historiques sont observées avec une rigueur inouïe ; toutes les théories scientifiques sur les effets physiologiques de la lumière et de la chaleur, sur les rapports du mouvement et de l'expression, se trouvent dûment appliquées. Mais la théorie de M. Menzel est une théorie qui ne dépasse pas les limites de la peinture ; et par suite les intentions qui en dérivent sont des intentions tout à fait *picturales*, qui, sagement réalisées, concourent à la valeur artistique d'un tableau. Le génie de M. Menzel nous apparaît ainsi un génie fait de patience et d'obstination : ce n'en est pas moins un vaillant et admirable génie. Avec Overbeck, Schnorr et Maurice Schwind, M. Menzel est le plus typique représentant de la peinture allemande au XIXe siècle.

Ce grand artiste est né à Breslau en 1815, d'une famille aisée qui put lui donner une éducation littéraire et scientifique très soignée. Il vint de bonne heure à Berlin, où son père avait fondé un atelier de lithographie, et longtemps il s'exerça dans ce mode de reproduction, alors tout à fait en faveur. En 1833, il publia les *Pérégrinations d'un artiste*; en 1836, les *Faits mémorables de l'Histoire de Brandebourg;* en 1839, l'*Histoire de Frédéric le Grand*, son chef-d'œuvre dans le genre de l'illustration. Dans une série de publications ultérieures, les *Soldats de Frédéric, Au temps de Frédéric*, etc., il a utilisé les innombrables études qu'il avait faites pour son *Histoire*. Plus tard, il a encore orné d'une série d'illustrations la *Cruche cassée* de Kleist.

C'est seulement vers 1840, après dix ans d'efforts acharnés, que M. Menzel parvint à se rendre maître de toutes les ressources de la peinture à l'huile. Il a peint, d'ailleurs, un très petit nombre de tableaux, sur des sujets empruntés presque toujours aux mœurs du temps de Frédéric II ou aux mœurs berlinoises contemporaines. La *Forge*, qui, avant de devenir la pièce dominante de la Galerie Nationale de Berlin, avait été le clou de notre Exposition universelle de 1878, n'est pas seulement le chef-d'œuvre de M. Menzel, c'est encore le prototype d'une nombreuse série de peintures semblables, chantiers : intérieurs d'usines, etc., exécutées depuis en France, en Allemagne, en Belgique et dans les pays du Nord. Le sujet par lui-même n'a rien de bien agréable, et l'abus qu'on en a fait contribue encore à nous le rendre déplaisant; mais il faut revoir le tableau de M. Menzel pour apprécier la différence qui le sépare de ses imitateurs : il a traité avec une profonde sincérité artistique cette scène où tant d'autres après lui ont vu simplement l'occasion de faciles contrastes de lumières et de plus faciles bravades réalistes.

La manière franche et vigoureuse de M. Menzel ne pouvait d'ailleurs manquer de lui amener de nombreux imitateurs. Les expositions annuelles de Berlin et de Munich contiennent tous les ans beaucoup de tableaux plus ou moins naturalistes où l'on retrouve les procédés de l'auteur de la *Forge*. Mais, si les procédés de M. Menzel s'y retrouvent, on y cherche vainement la science et la conscience artistiques du maître. Le dessin est lâche et peu étudié, le coloris monotone, la composition toujours apprêtée. Le seul peintre allemand qui ait pris à M. Menzel quelque chose de son respect pour la nature est M. Max Liebermann, artiste savant et habile bien connu du public parisien. M. Liebermann a beaucoup étudié les vieux et les nouveaux maîtres hollandais. Il doit beaucoup aussi à nos impressionnistes français, qui lui ont appris, par exemple, à éclairer ses intérieurs d'une

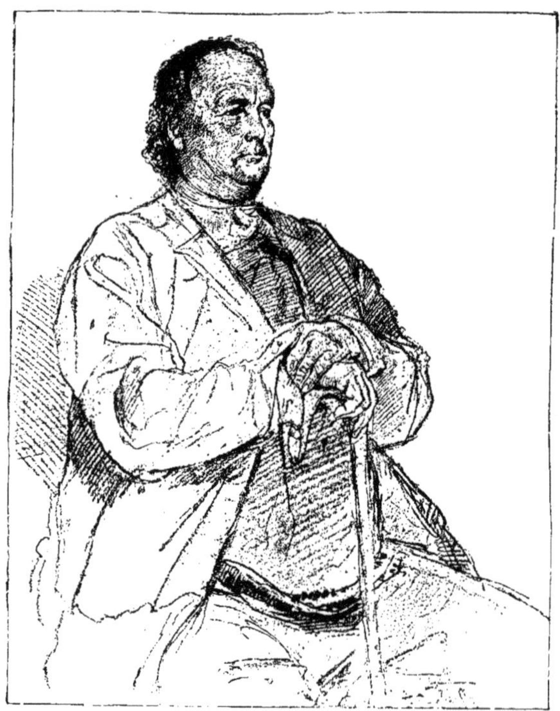

LE BOURGMESTRE D'IMMENESCH, PAR M. LOUIS KNAUS.
(Fac-similé d'un dessin au crayon de l'artiste.)

lumière variée, nuancée, soi-disant naturelle. Lui aussi, comme M. Menzel, doit davantage à son énergie qu'à ses dons innés; mais jamais il n'a su donner à sa facture le caractère personnel et définitif que revêt la facture de M. Menzel. Il s'est efforcé, en revanche, de tenir compte de tous les procédés nouveaux inaugurés autour de lui, et à force de travail il est parvenu à se constituer une manière où le naturalisme de M. Menzel, le sentimentalisme de M. Israëls et l'impressionnisme de notre Manet, se trouvent habilement condensés. On n'a pas oublié son *Savetier hollandais*, ses *Fileuses*, ses *Invalides* et cet *Asile de vieilles femmes en Hollande*, qui était assurément un des meilleurs tableaux de notre Salon du Champ-de-Mars en 1890.

M. Liebermann est né à Berlin, où il demeure encore aujourd'hui. Son influence sur les jeunes peintres allemands a été plus vive peut-être que celle de M. Menzel, et c'est lui qui a introduit dans l'art de son pays les recettes nouvelles de nos peintres du plein air. Mais aucun de ses imitateurs et de ses rivaux n'a encore fait preuve d'un talent bien remarquable, sauf peut-être M. Gothard Kuehl, un habitué, lui aussi, des Salons parisiens.

Le réalisme tout plastique de M. Menzel n'était guère fait d'ailleurs pour convenir à la nature allemande : il exigeait un goût instinctif de l'observation, un amour inné de la forme, qui sont assurément plus rares en Allemagne que dans les autres pays. Aussi le véritable réaliste allemand du XIXe siècle n'est-il pas M. Menzel, mais son confrère M. Knaus, qui a su mélanger dans la proportion qui convenait à ses compatriotes l'observation avec le sentiment et la fantaisie.

Ils nous est impossible de nommer ici tous les peintres allemands aujourd'hui en vogue. A peine pouvons-nous citer en passant M. Pettenkofen, homme universel, paysagiste, portraitiste, peintre d'histoire et peintre de genre, au demeurant un adroit virtuose; M. A. de Kaulbach, fils du célèbre peintre de Munich, élève de Piloty et imitateur tour à tour de Feuerbach, de Mackart, de M. Gabriel Max; les peintres militaires A. de Werner et Bleibtreu; le peintre de sujets religieux Hofmann, dont le *Christ parmi les docteurs*, du Musée de Dresde, est aujourd'hui devenu populaire dans toute l'Allemagne. Tous ces noms risquent bien d'être remplacés avant peu par des noms de nouveaux venus, et de déchoir à jamais de leur célébrité présente.

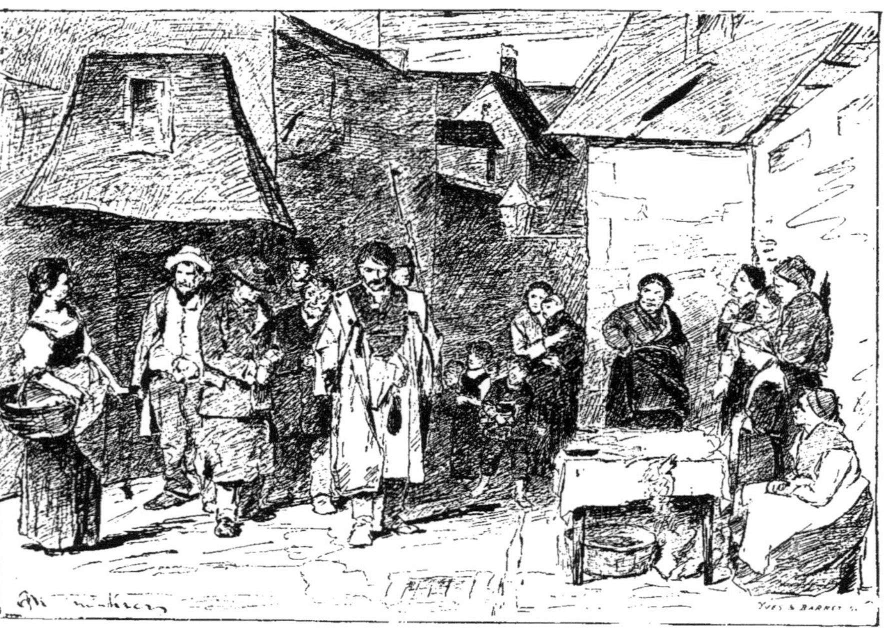

Les Rodeurs de nuit, tableau de M. Munckacsy.
(*Croquis de l'auteur.*)

Combien est supérieur à tous ces peintres un artiste de prétentions plus modestes, mais l'un des plus originaux, et des plus savants et des plus spirituels entre les artistes de notre époque, M. Oberlænder, le dessinateur des *Fliegende Blaetter* de Munich ! Les albums où sont réunis les dessins de M. Oberlænder forment une véritable comédie humaine, amère et réjouissante à la fois. L'intention satirique y est servie par une variété d'imagination inépuisable et par une sûreté de main et de coup d'œil absolument surprenante.

Citons enfin, à la suite des peintres allemands, les deux peintres les plus remarquables de l'Autriche contemporaine, M. Canon, imitateur habile mais un peu vulgaire de Rubens, et M. Jean Mateyko, le maître polonais de Cracovie, qui a reçu du ciel les dons les plus merveilleux du coloriste et du dessinateur, mais qui n'en a jamais su tirer le parti qui aurait convenu, faute de vouloir régler sa fougue et mettre un peu d'harmonie dans ses trop vastes compositions historiques.

L'histoire de la peinture allemande au XIXe siècle n'est, à y bien songer, qu'un long martyrologe. Tous les peintres allemands, depuis Carstens jusqu'à nos jours, à l'exception seulement de MM. Menzel et Oberlænder, tous ont été victimes de l'excessive portée de leurs intentions et de l'insuffisance de leur apprentissage technique. Les mêmes causes vont-elles arrêter encore dans son développement un peintre à qui paraissait promis le plus triomphant avenir, et qui était entré en scène il y a quelque dix ans, avec toutes les marques du plus noble génie ? M. de Uhde sera-t-il dans l'art de son pays un nouvel Overbeck ? Il aura eu du moins le mérite de tenter un effort noble et fécond. On sait, en effet, comment il s'est efforcé de donner au sentiment une autre voie que les plates anecdotes où se complaisaient ses contemporains : l'art de son pays ne pouvant vivre que d'émotion, il a voulu créer à cette émotion un langage plus relevé. Les scènes de mœurs humouristiques, les *Idylles au village*, les *Agonies de la grand'-mère*, tous ces sujets chers à M. Knaus et à ses successeurs, il les a remplacés par des scènes religieuses, mais conçues à un point de vue réaliste, alliant la hauteur du sentiment avec une parfaite simplicité de la forme. On sait aussi par quels chefs-d'œuvre il a débuté : on se rappelle son *Christ entrant chez des paysans* (aujourd'hui à la Galerie Nationale de Berlin), son *Christ entrant dans une école*, son *Christ parlant à des femmes des champs*, son *Christ assis à table avec des ouvriers*. L'expression des figures était d'une vérité et d'une émotion saisissantes. Il y avait bien, à y regarder de près, mainte gaucherie dans le dessin, et quelque chose de vulgaire dans le coloris ; mais les effets de lumière étaient heureusement rendus, les mouvements étaient justes et d'un naturel étonnant, et puis le sentiment général était si fort et si nouveau que personne ne pouvait s'aviser d'y regarder de trop près. Malheureusement, M. de Uhde n'était pas assez maître de son métier. De plus en plus, son ambition s'élevait, désireuse maintenant d'exprimer en symboles des idées générales, et peu à peu les ressources techniques lui ont manqué. Ses derniers ouvrages, le triptyque de la *Nativité*, la *Fuite de la Sainte Famille*, sont gâtés par un empâtement maladroit de la couleur ; le dessin s'est encore alourdi, le souci de l'idée a pris le pas sur le souci de la forme, et c'est à peine si l'on retrouve quelques-unes des heureuses qualités de naguère. Il n'importe pourtant : M. de Uhde est un des artistes allemands pour qui nous avons le respect le plus sincère, et ses compatriotes devront toujours lui être reconnaissants d'avoir voulu restaurer les vieilles traditions poétiques et religieuses des maîtres allemands primitifs.

M. Fritz de Uhde est né le 22 mai 1844 à Wolkembourg, en Saxe, où son père était pasteur luthérien. Il montra de bonne heure un goût très vif pour le dessin, mais ses parents ne se soucièrent pas d'en faire un artiste, et en 1867, après quelques années d'études assez superficielles à l'Académie de Dresde, il dut entrer dans le régiment des cavaliers de la garde saxonne. C'est seulement plus de dix ans plus tard, en 1879, que le jeune officier quitta le service et vint étudier à Munich, puis à Paris, dans l'atelier de M. Munkacsy. Un voyage en Hollande acheva son éducation artistique : ses premiers tableaux sont pleins du souvenir de Pieter de Hooghe, de Vandermeer et de Rembrandt. En 1884, s'étant fixé à Munich, il peignit son *Christ parmi les enfants*, qui inaugurait sa manière nouvelle ; depuis il n'a cessé d'exposer à Munich et à Paris. Le nombre de ses imitateurs grandit d'année en année ; mais lui-même parviendra-t-il à triompher de son défaut de technique ou se laissera-t-il à son tour démonter ? C'est une question à laquelle nous n'osons répondre aujourd'hui. Les prochaines œuvres que peindra M. de Uhde auront pour sa destinée artistique une importance décisive.

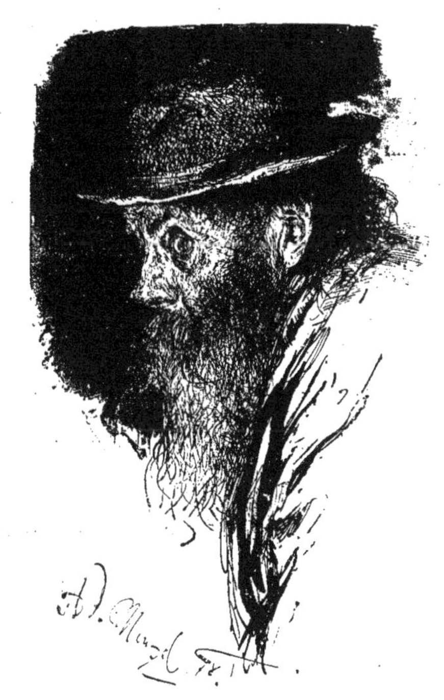

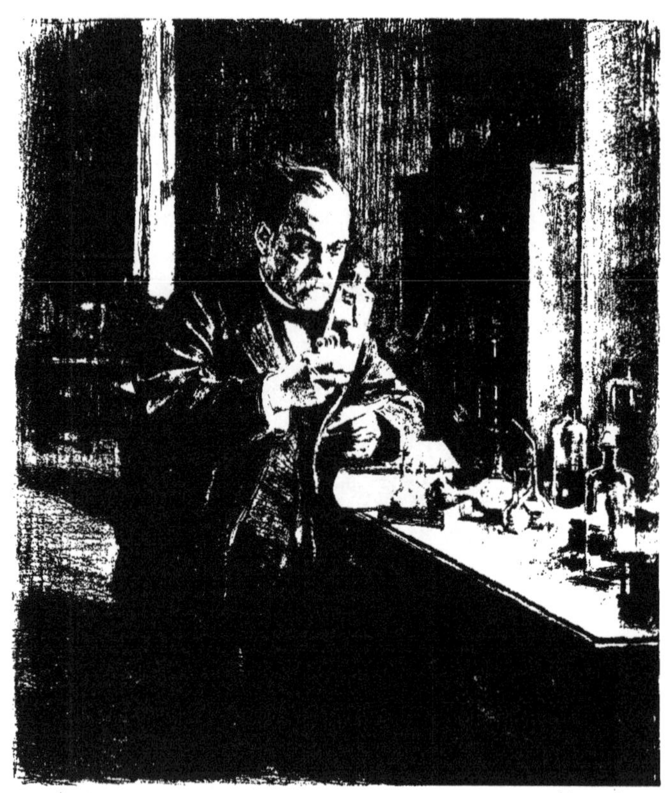

LES PEINTRES SUISSES

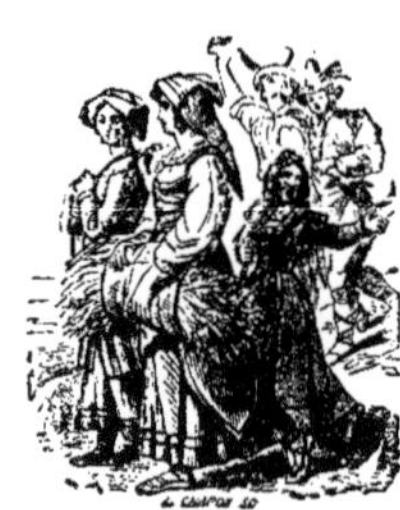

MOISSONNEUSES, PAR LÉOPOLD ROBERT.

Nous nous sommes longuement étendus sur les peintres allemands. Ce n'est pas que la plupart d'entre eux aient une grande valeur au point de vue artistique : bien d'autres pays dont nous dirons fort peu de chose, l'Espagne, la Hollande, l'Italie même, ont produit en ce siècle des maîtres d'aussi haute valeur que les maîtres allemands contemporains. Mais l'Allemagne est, avec la France et l'Angleterre, le seul pays où il y ait eu depuis cent ans un véritable mouvement artistique, et un mouvement original, national, indépendant des progrès artistiques des pays voisins. Les nations que nous venons de citer, au contraire, ou bien ont donné naissance à un ou deux grands hommes tout à fait isolés, sans rien avant ni après eux, ou bien ont simplement suivi des courants étrangers, et ne peuvent pas être considérées comme possédant des écoles nationales.

Ce dernier cas est le cas de la Suisse. Il n'y a point eu au XIXe siècle une école de peinture suisse. Tous les peintres suisses se rattachent directement à l'École allemande ou à l'École française; et comme d'ailleurs aucun d'eux n'a fait preuve d'un génie exceptionnel, on nous excusera de les passer en revue assez vivement.

Au XVIe siècle, la Suisse a produit plus d'un maître de talent. Nous ne pouvons pas lui permettre de compter parmi ses peintres Holbein le Jeune, bien qu'il ait vécu très longtemps à Bâle, non plus que nous ne permettons aux Anglais de le tenir pour un des leurs, malgré qu'il ait travaillé et soit mort à Londres. Holbein le Jeune était un Allemand d'Augsbourg, l'élève et le continuateur du digne Souabe son père. Mais autour de lui s'est formé en Suisse un mouvement considérable, et pour avoir imité les peintres et surtout les graveurs allemands, Manuel Deutsch de Berne, Jost Amman de Bâle, Hans Frey de Fribourg et Hans Asper de Zurich n'en sont pas moins des Suisses. Le calvinisme, malheureusement, eut vite fait de déssécher le génie artistique de la Suisse. Et il faut aller jusqu'à la fin de XVIIIe siècle pour trouver à citer des noms de peintres originaires de ce pays.

Encore ces peintres ont-ils beau être nés en Suisse : ce sont des Allemands, qui étudient en Allemagne, ou tout au moins imitent la manière des maîtres allemands. C'est à l'influence de Winckelmann que nous devons les œuvres de la fameuse Angelica Kauffmann, née à Coire en 1741, morte à Rome en 1807. Voyez au Musée de Dresde sa *Vestale* et son *Ariane abandonnée*, au Musée de Vienne son *Pallas* et son *Retour d'Arminius*, vous y retrouverez les procédés de Raphaël Mengs, l'ampleur des formes, la mollesse rigide des mouvements, toutes les traditions de l'école classique, amollies seulement et gâtés par l'addition d'un sentimentalisme assez vulgaire. D'autres œuvres, il est vrai, notamment le *Portrait de Mme de Krudener* du Louvre, n'ont plus rien de classique. C'est que le talent d'Angelica Kauffmann était aussi souple qu'il était superficiel; il lui suffisait de séjourner dans un pays pour adopter la manière de peindre qu'elle y voyait en honneur.

Le plus suisse de tous les peintres suisses, le paysagiste Calame, s'est imaginé sans doute qu'il inaugurait enfin un art national parce qu'il prenait pour sujets les montagnes et les lacs de son pays. Mais on sait, hélas! qu'il n'a pas eu la spécialité des paysages suisses; et il n'a pas eu davantage la spécialité de la manière romantique et déclamatoire dont il les a traités. Tous les paysagistes de l'école de Dusseldorff ont peint les mêmes sites alpestres, avec les mêmes exagérations de contrastes, les mêmes prétentions au sublime ou au tragique, le même coloris criard et sale. Dans les musées d'Allemagne où ils sont

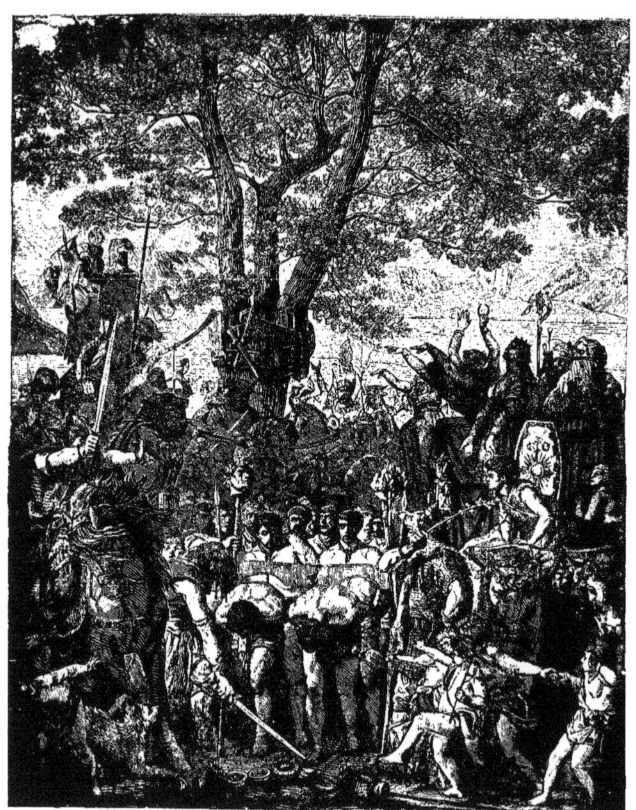

La Bataille du Léman, d'après Gleyre.

recueillis, les tableaux de Calame ne se distinguent en rien des tableaux allemands qui les avoisinent; il faut les examiner de très près pour découvrir qu'ils sont cependant mieux composés, avec quelque chose de plus sincère et de plus vivant. Aussi n'est-ce point dans ces musées qu'il faut voir Calame, ni même au Musée de Genève, qui possède son plus beau tableau, la *Vue de la Hændeck*. Son talent n'apparaît pleinement que dans ses lithographies, où le coloris ne vient plus offusquer les yeux et où l'habileté de la composition compense la mollesse du dessin et le manque de naturel. Ces lithographies, les unes originales, les autres exécutées d'après des tableaux, sont tout ce qui mérite de rester de l'œuvre de ce consciencieux travailleur, né aux environs de Vevey en 1810, mort à Menton en 1864. Citons encore pourtant parmi ses tableaux les plus renommés : l'*Orage dans la forêt*, le *Lac des Quatre-Cantons*, le *Mont rose*. Tout cela a passé pour des chefs-d'œuvre il y a cinquante ans. Mais nous avons aujourd'hui d'autres Calame, et l'on sera bien étonné, dans cinquante ans, du succès que nous leur faisons.

Calame, du moins, était resté en Suisse et avait laissé venir à lui la manière de Dusseldorff. Deux de ses compatriotes, M. Vautier et M. Bocklin, sont allés à Dusseldorff étudier la peinture. M. Vautier y est même toujours resté. Né à Morges, sur le lac de Genève, en 1829, il s'est fait naturaliser Allemand, est devenu l'élève, puis le rival de M. Knaus, et c'est à peine si de loin en loin il se rappelle son pays d'origine pour affubler de costumes alpestres les figurants de ses tableaux de genre.

M. Arnold Bœcklin, au contraire, ne s'est pas contenté des leçons qu'il a reçues en Allemagne. Il a longtemps travaillé à Bruxelles et à Paris, puis à Rome. Mais c'est aux expositions allemandes qu'il envoie ses ouvrages ; c'est au Musée Schack, de Munich, qu'il est le mieux représenté ; c'est dans la section allemande qu'il s'est fait inscrire, à notre Exposition universelle de 1878. Et son génie est tout allemand : c'est un génie violent et bizarre, un génie où la part de l'intention est toujours supérieure à celle de l'exécution, où le sentiment poétique dépasse de beaucoup la justesse de vision. C'est pourtant un véritable génie, le plus personnel, à coup sûr, que la Suisse ait produit. L'art de M. Bœcklin lui est tout particulier, personne ne lui a appris à représenter comme il fait des paysages mélancoliques ou

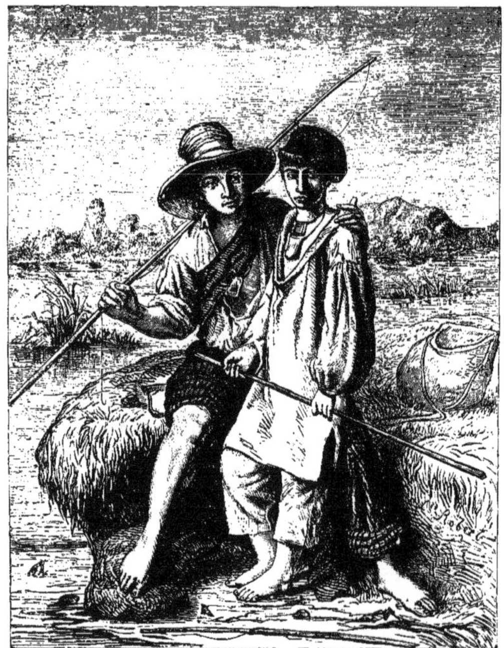

Les Petits Pêcheurs de grenouilles, tableau de Léopold Robert.

macabres, à promener de vagues formes blanches dans des paysages d'un vert maladif, à animer les nymphes et les faunes de cyniques expressions. Il a tout inventé : ses sujets, tour à tour légendaires, symboliques ou allégoriques; son dessin, brutal et hâtif; son coloris, où dominent les tons crus, vigoureusement contrastés. Le malheur est que l'originalité très réelle de M. Bœcklin s'accompagne d'un manque de goût vraiment excessif. Sa peinture ne ressemble à aucune autre, mais elle offusque les yeux et produit une impression de cauchemar tout à fait désagréable. La sauvage poésie qu'elle renferme ne parvient pas jusqu'à nous ; à peine si, en revoyant par le souvenir ces étranges tableaux, nous avons enfin le sentiment de ce que l'auteur a voulu exprimer. Alors seulement nous pouvons apprécier la nouveauté de ce panthéisme qui incarne en des personnages fantastiques les forces vives de la terre, et confond dans une intime union la nature et l'humanité.

M. Arnold Bœcklin est né à Bâle en 1827. En 1856, il envoyait à l'Exposition de Munich un tableau : le *Grand Pan*, qui est aujourd'hui à la Nouvelle Pinacothèque et qui le montre déjà tel qu'il est resté depuis. De 1866 à 1869, il décorait de fresques, d'ailleurs assez médiocres, le grand escalier du Musée de Bâle. Il demeure aujourd'hui à Zurich. Ses meilleurs tableaux appartiennent, nous l'avons dit, au comte de Schack : le *Burg au bord de la mer*, le *Printemps*, la *Plainte d'amour du berger*. Le Musée de Bâle possède quelques-uns de ses derniers ouvrages, notamment une *Chasse de Diane*, d'un naturalisme forcené. Quelques-uns de ses tableaux ont été gravés par M. Max Klinger, un excentrique, lui aussi, et lui aussi un homme de génie : c'est dans ces eaux-fortes de M. Klinger que l'on peut le mieux apprécier la singularité des conceptions du maître bâlois, et la profondeur des émotions qu'il a voulu exprimer.

Pendant que Calame, MM. Vautier et Bœcklin affiliaient l'École de peinture suisse à l'École allemande, plusieurs de leurs compatriotes quittaient la Suisse pour venir à Paris et prenaient une part directe au mouvement de l'École française. Déjà au XVIIIe siècle le Genevois Liotard avait été un des plus français, et même un des plus parisiens parmi les dessinateurs et les pastellistes. Sa *Jeune femme portant le chocolat* et ses portraits du Musée de Dresde, ses dessins du Musée du Louvre, sont les chefs-d'œuvre d'un genre où la

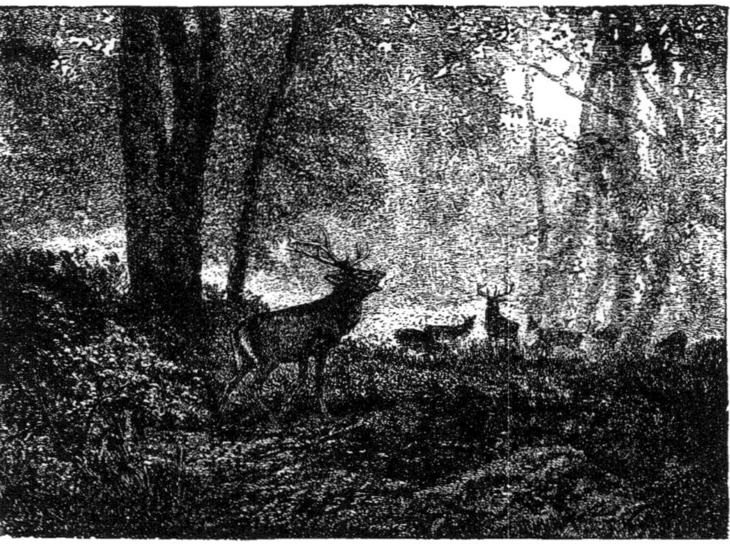

Préliminaires du combat, par M. Karl Bodmer.
(*Dessin de l'artiste.*)

délicatesse mondaine s'unit à la science la plus ferme et au plus pénétrant génie d'observation.

Au XIXe siècle, l'École française de peinture a compté parmi ses représentants les plus remarquables deux artistes suisses, Léopold Robert et Charles Gleyre. L'un et l'autre sont aujourd'hui bien déchus de leur ancienne réputation, et comme l'un et l'autre, avec les plus précieuses qualités de sentiment et de composition, ont manqué des qualités qui conviennent à la peinture, il n'est guère possible d'espérer qu'ils se relèvent jamais du discrédit où ils sont tombés. Mais leur importance historique n'en est pas moins considérable. Léopold Robert a été pendant dix ans à Paris et dans le monde entier le plus fameux des peintres. Il a créé, ou tout au moins popularisé, un genre qui, depuis lors, a pu se transformer pour s'accommoder aux goûts changeants de la mode, mais qui n'a point cessé d'exister et d'être fort apprécié. Charles Gleyre, sans avoir connu les mêmes triomphes, a eu, lui aussi, une influence assez vive sur le mouvement artistique de l'École française. De son atelier sont sortis un grand nombre des peintres les plus intéressants d'aujourd'hui, et quelques-uns d'entre eux ont été ses imitateurs, de sorte que le genre qu'il a créé n'est pas non plus près de s'éteindre. Les deux maîtres suisses doivent à la France leur éducation artistique; mais la France leur doit, à son tour, la formation de deux courants nouveaux dans le développement de son art national.

Léopold Robert a recouvert ses tableaux d'un coloris si vulgaire et si déplaisant qu'il est bien difficile aujourd'hui de rendre justice à ses qualités. Le choix de ses sujets contribue encore à nous le faire haïr ; nous ne pouvons nous résigner à prendre au sérieux ces machines qui ont la prétention de représenter des scènes de mœurs italiennes, mais qui sont si évidemment artificielles, dénuées de toute vérité, conçues au simple point de vue d'un effet déclamatoire monotone et banal. Nous sentons trop que l'auteur de ces *Moissonneurs*, de ces *Pêcheurs de l'Adriatique*, n'a jamais étudié les paysans italiens dont il est supposé nous dépeindre la vie : ses personnages ont l'air tout au

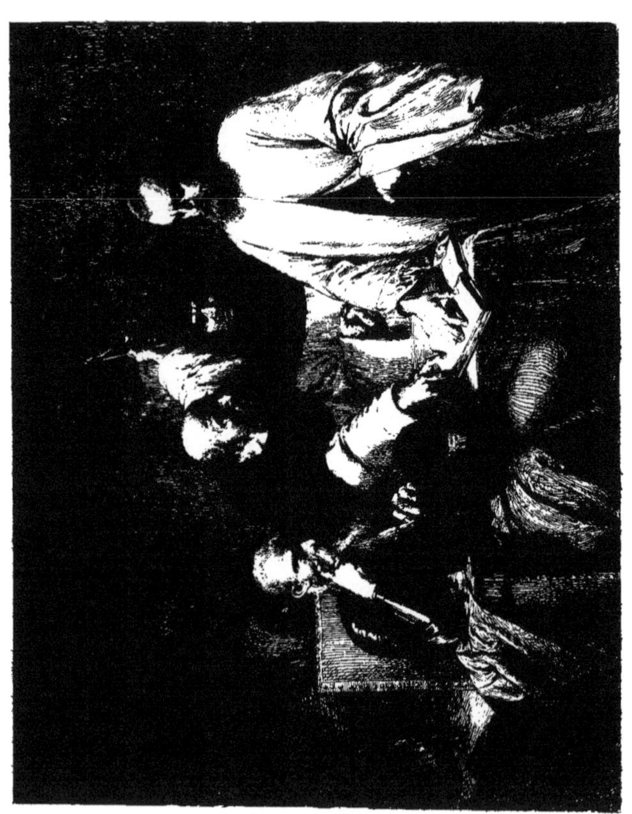

plus de mauvais acteurs groupés sur le devant d'un mauvais décor par un mauvais régisseur. Il n'y a pas jusqu'au romantisme de l'expression qui ne sonne faux, gâté qu'il nous apparaît par quelque chose de bourgeois et de prosaïque. Et pourtant, si nous pouvions nous remettre dans la disposition des esprits d'il y a soixante ans, si nos coloristes ne nous avaient pas dégoûtés de ce coloris convenu, et si nos peintres de genre ne nous avaient pas blasés sur ces soi-disant scènes de mœurs, nous comprendrions quel élément nouveau les tableaux de Léopold Robert apportaient aux Salons où ils figuraient. Leur romantisme était en effet un peu mesquin, mais c'était précisément le romantisme qu'il fallait pour faciliter la transition entre la peinture glacée des élèves de David et la fougueuse peinture des nouveaux arrivants. Léopold Robert avait beau montrer de faux paysans, et dans des attitudes apprêtées ; on avait devant soi autre chose que des personnages historiques ; on croyait voir enfin la nature, au sortir de la convention, et une nature chaude, passionnée, pleine d'un sentiment poétique dont toutes les âmes avaient soif. Le genre même du dessin de Robert était fait pour lui valoir l'admiration du public : un dessin correct et habile, au fond dénué de toute vie, mais fécond en lignes agréables et en contours d'une admirable élégance.

L'œuvre de Gleyre est assurément d'un mérite plus haut. Elle aussi nous offusque aujourd'hui par la vulgarité de son coloris et le manque de naturel de sa composition ; mais sa composition, si elle n'est pas naturelle, n'est pas non plus banale. Gleyre n'a pas été un peintre ; il n'a pas su voir le monde extérieur, ni comprendre le secret de la vie des formes. Mais il a été un poète, et un poète d'une inspiration très noble et très pure. Si ses grands ouvrages, la *Séparation des Apôtres*, la *Bataille du Léman*, manquent par trop de l'habileté technique et de l'originalité plastique que demandent de pareils sujets, plusieurs de ses petites peintures, la *Jeune fille au Chevreau*, les deux groupes de *Daphnis et Chloé*, la *Charmeuse*, le *Soir*, autrefois trop glorifié et trop dédaigné aujourd'hui, ne sont pas si gauchement dessinés qu'on ne puisse en sentir l'émotion ; et l'âme d'artiste qu'elles révèlent, pour être enfantine, n'en est pas moins d'une délicatesse ravissante. Gleyre a formé le rêve que formaient les peintres allemands de l'école chrétienne : il a voulu traduire des sentiments poétiques en des formes harmonieuses. Les sentiments qu'il voulait traduire étaient bien à lui ; les formes dont il les a revêtus ne sont ni très parfaites ni très originales : mais souvent la force des sentiments leur a communiqué un charme qui fait oublier les erreurs et les défaillances de l'exécution. Nous ne saurions mieux juger Gleyre qu'en le comparant à ces poètes mineurs qui se sont tenus très à distance des Virgile et des Lucrèce, qui n'ont eu à leur service qu'une inspiration assez grêle et des moyens assez bornés, mais qui ont laissé dans leur petit genre quelques chansons d'une grâce exquise, d'une grâce maladive et tendre, n'appartenant qu'à eux.

Léopold Robert est né à la Chaux-de-Fond, dans le canton de Neuchatel, le 13 mai 1794. Son père était horloger ; de ses deux frères, l'aîné, Alfred Robert, s'est tué le 20 mars 1825, dix ans jour pour jour avant le suicide de Léopold. En 1810 le jeune Léopold, dont les heureuses dispositions s'étaient déjà clairement manifestées, fut amené à Paris par son compatriote le graveur Charles Girardet, qui lui facilita l'entrée de l'École des Beaux-Arts. En 1814 il obtint le second prix de Rome ; il aurait obtenu le premier prix l'année suivante si sa nationalité ne l'en avait empêché. Léopold Robert, sans ressources à Paris, rentra en Suisse, où un riche Neuchatelois, M. Mezerac, lui offrit les moyens de partir pour l'Italie.

Sitôt arrivé à Rome, il abandonna les grands sujets classiques pour peindre les mœurs du pays. C'est de ce premier séjour en Italie que datent ses œuvres les plus fameuses : l'*Improvisateur napolitain*, le *Retour du pèlerinage à la Madone de l'Arc*, les *Moissonneurs dans les marais Pontins*. Ce dernier tableau fut exposé au Salon de Paris en 1831, et produisit un enthousiasme indescriptible. Classiques et romantiques se trouvèrent réunis dans une commune admiration.

Léopold Robert revint à Paris pour jouir de son triomphe. Mais un amour malheureux pour la princesse Charlotte Napoléon, fille du roi Joseph, devait l'empêcher toujours désormais de prendre plaisir aux vanités de la gloire. Il eut vite fait de s'ennuyer à Paris, s'enfuit à Florence, puis à Venise, où il peignit les célèbres *Pêcheurs de l'Adriatique*. D'année en année, cependant, il devenait plus sombre

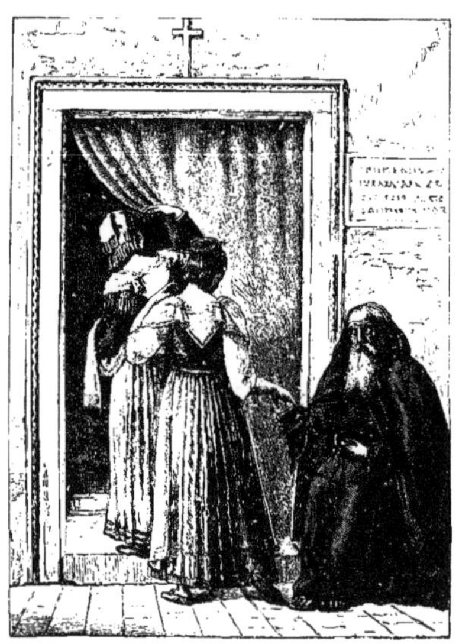

MENDIANT A LA PORTE D'UNE ÉGLISE,
PAR LÉOPOLD ROBERT.

et plus découragé. Enfin, le 20 mars 1835, son frère Aurèle le trouva étendu dans sa chambre, la gorge coupée d'un coup de rasoir. Il avait à peine quarante et un ans.

Il n'y a point dans la vie de Gleyre trace de passions violentes ni d'événements dramatiques : ce fut une vie tranquille, toute de travail et de méditation, à peine éclairée un moment par le fugitif rayon de la renommée. Marc-Charles-Gabriel Gleyre est né à Chevilly, dans le canton de Vaud, le 2 mai 1806. Son père, qu'il perdit de bonne heure, était un riche paysan. L'enfant fut élevé à Lyon dans la famille d'un de ses oncles, qui le destinait à être dessinateur de fabrique. Vers 1825, connaissant à peine les premiers éléments du dessin, il entra à Paris dans l'atelier d'Hersent, qui tout de suite le remarqua et devina son talent futur. Ce premier séjour de Gleyre à Paris fut tout entier consacré à réparer le temps perdu : le jeune homme ne cessait point d'étudier, chez Hersent, chez Bonnington, à l'École des Beaux-Arts, et aussi à la Morgue et à l'École de médecine. En 1826, il revint à Lyon d'où il partit pour l'Italie. Il visita Milan, Florence, Naples, puis s'installa à Rome, où il peignit ses premiers tableaux, médiocres imitations des peintures historiques d'Ingres et de Delaroche, *Raphaël quittant sa mère*, le *Premier baiser de Michel-Ange*. En 1834, il quitta l'Italie pour visiter l'Orient, en compagnie d'un riche Américain qui l'employait à faire des croquis et des aquarelles. Il visita la Grèce, la Turquie, l'Égypte, la Syrie et ne revint en Europe qu'en 1837. Ce voyage en Orient est resté absolument sans influence sur son talent, le moins pittoresque et le moins coloré qu'il y ait eu. Les costumes égyptiens et la barque imitée des barques du Nil dans le tableau *Le Soir* sont, avec de médiocres aquarelles, à peu près tout ce qui peut nous rappeler aujourd'hui que Gleyre a passé en Orient trois années de sa jeunesse.

Il semble pourtant que, sur Gleyre comme sur tous ceux qui les ont une fois contemplés, les merveilles de l'Orient aient exercé une impérieuse fascination; car lorsqu'il s'établit à Paris en 1838, il était résolu à n'y rester que le temps de recueillir les sommes nécessaires pour un nouveau voyage. Mais ces sommes ne furent pas faciles à recueillir. Gleyre vécut assez misérablement, malgré l'appui de Paul Delaroche. Sa première commande lui vint d'un cafetier, qui le chargea de décorer la salle à manger de sa maison particulière. Encouragé par le succès de ce travail, Gleyre se mit à un grand tableau religieux, *Saint Jean à Patmos*, qui paraît avoir été assez remarqué. En 1840 il eut à décorer l'escalier d'honneur du château de Dampierre : il consacra plus d'un an à cet important travail et ce fut un des grands chagrins de sa vie d'artiste de voir bientôt ses peintures effacées par l'ordre d'Ingres, qui les remplaça par des peintures de lui-même et de ses élèves.

En 1843, il peignit et exposa au Salon le fameux *Soir*, du Louvre. Il obtint d'emblée une médaille de deuxième classe, et, grâce aux innombrables reproductions de son tableau, se vit bientôt célèbre dans le monde entier. C'est à la suite de ce triomphe que Paul Delaroche lui céda son atelier d'élèves, que Gleyre dirigea pendant vingt-sept ans avec un désintéressement et une conscience admirables.

De 1844 date la *Séparation des Apôtres*, aujourd'hui conservée dans l'église de Montargis. C'est un tableau honnête et bien compris, mais d'un effet assez froid, dû surtout à la tonalité grise du coloris.

En 1845, au retour d'un voyage à Venise, Gleyre modifia sa manière, se débarrassa de tous les procédés romantiques de ses œuvres précédentes, et adopta le genre à demi classique où se manifeste le mieux son talent. La *Nymphe Écho* et la *Danse des Bacchantes*, plus tard les deux tableaux de *Daphnis et Chloé*, les *Baigneuses*, la *Liseuse*, le *Pandore*, *Minerve et les Grâces*, la *Charmeuse* du Musée de Bâle, sont les spécimens les plus gracieux de cette seconde manière. Peu à peu, le rôle de la couleur s'atténue; le dessin, au contraire, devient plus pur et plus élégant, avec toujours le souci de l'harmonie expressive des formes plutôt que de leur vérité plastique. Ces ouvrages auraient pu maintenir et rendre durable la réputation de Gleyre; mais le peintre avait depuis longtemps renoncé à exposer au Salon, et le public ne pouvait guère voir de lui que de grandes compositions religieuses ou historiques : la *Cène*, la *Pentecôte*, la *Bataille du Léman*, les *Romains sous le joug*, peu faites pour mettre en valeur ses fines qualités. Gleyre est mort à Paris, en 1874, de la rupture d'un anévrisme.

L'art de Gleyre a trouvé des imitateurs moins nombreux, mais plus intéressants que l'art de son compatriote Léopold Robert. Un grand nombre des élèves d'Ingres lui ont dû ce qu'ils ont mis dans leur dessin d'expression et de poésie. Le talent, un peu mièvre, mais élégant et léger, de Hamon, dérive en droite ligne des leçons de Gleyre, qui a eu aussi parmi ses élèves Mazerolle, M. Gérôme, Heilbuth, MM. Renoir, Monet et Sisley.

Aujourd'hui, la Suisse est représentée à Paris par plus d'un peintre de talent. Qu'il nous suffise de citer le paysagiste Bodmer, un des derniers fidèles du paysage composé et soi-disant poétique ; M. Jules Girardet, peintre de genre, dont les scènes révolutionnaires et vendéennes ont été maintes fois remarquées; M. Charles Giron, habile portraitiste, auteur aussi d'une grande composition à demi réaliste, à demi mélodramatique, où l'on peut voir les abords de la Madeleine, et les contrastes de la vertu à pied et du vice en landau, et une grande variété de costumes aujourd'hui démodés.

Au-dessus de ces aimables talents nous plaçons le talent plus consciencieux d'une femme, Mlle Louise Breslau. Née à Zurich, Mlle Breslau mérite même d'être nommée parmi les réalistes les plus remarquables de notre temps. Ses portraits, ses intérieurs, ses scènes de mœurs parisiennes sont d'une vérité très sobre et très pénétrante; le coloris y est souvent un peu lourd, mais les effets de lumière sont d'une heureuse justesse et le modelé d'une habileté remarquable. Sans avoir précisément adopté la méthode impressionniste, Mlle Breslau en a pris un sentiment raffiné de l'air et de la lumière qui donne à ses tableaux un charme très particulier. La Suisse a produit depuis cent ans des artistes plus originaux; mais elle n'en a point produit de plus essentiellement peintre, et elle peut être aussi fière aujourd'hui de Mlle Breslau qu'elle l'était, il y a un siècle, d'Angelica Kaufmann.

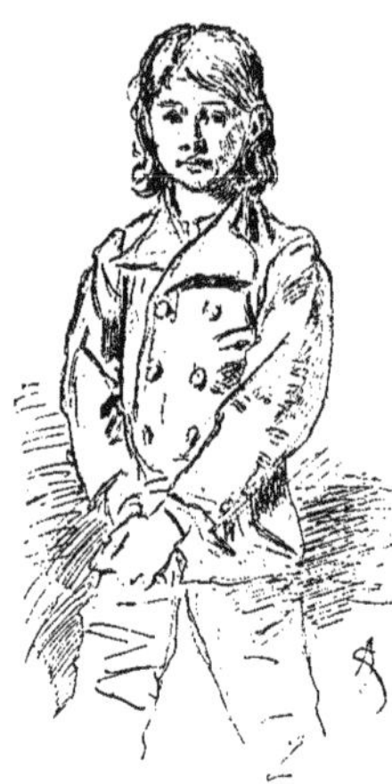

Croquis de M. A. Stevens.

La Belgique est par excellence la patrie de la peinture. Les Français ont vu le monde extérieur d'une façon plus élégante, les Italiens d'une façon plus passionnée et plus harmonieuse, les Allemands d'une façon plus émue : mais ce sont les Flamands qui toujours l'ont vu de la façon la plus sensuelle et la plus plastique. Leurs yeux sont mieux faits que tous les autres pour percevoir pleinement les impressions de la couleur et de la lumière. Le peintre le plus absolument peintre qu'il y ait jamais eu, Rubens, était un prototype parfait du tempérament artistique de son pays. Et cette heureuse vertu picturale, cette justesse et cette vivacité de la sensation visuelle se retrouvent chez les peintres belges au XIXe siècle comme elles se trouvaient déjà chez les Van Eyck et leurs successeurs. Le plus insignifiant des peintres belges contemporains sait mieux son métier, et reçoit du monde une plus pittoresque image que le plus habile des peintres allemands ou anglais. Pourtant, la Belgique n'a pas produit, depuis cent ans, un seul peintre d'un génie original, et c'est à peine si nous nous étendrons sur les peintres belges autant que nous l'avons fait sur les peintres suisses.

C'est que la Belgique, par un phénomène psychologique des plus singuliers, ne sait pas mettre à profit ses heureuses qualités naturelles. Son génie de vision, bien qu'elle cherche à l'exercer, elle le dédaigne, et les yeux toujours tournés du côté de la France, elle s'épuise à nous imiter au lieu de ne s'inspirer que d'elle-même. Il y a eu une dizaine d'écoles dans la peinture belge du XIXe siècle, et chacune a compté plus d'un maître magnifiquement doué; mais il n'est pas une de ces écoles qui ne soit le reflet d'une école française contemporaine, pas un de ces maîtres qui n'imite tel ou tel de nos peintres. La fascination de Paris est si forte sur l'âme des artistes belges qu'elle les empêche de se replier sur eux-mêmes, et de comprendre qu'ils sont faits pour peindre ce qu'ils voient, avec l'admirable intensité qu'ils mettent à le voir.

L'histoire de la peinture belge au XIXe siècle forme ainsi comme une série d'appendices à l'histoire de la peinture française. Des influences allemandes, hollandaises et anglaises sont bien venues quelquefois se mêler à l'influence des peintres français; mais aucun des hommes que nous aurons à nommer n'a été un véritable belge, un descendant des Van Eyck, des Metsys, des Rubens et des Snyders. Leurs tableaux sont toujours plus colorés et plus vivants que ceux des peintres étrangers; mais c'est à leur insu et pour ainsi dire malgré eux que leur tempérament national s'y fait jour, sous des tendances générales et une forme empruntés au dehors. Le malheur de l'Allemagne est d'avoir eu trop de théoriciens : c'est le malheur de la Belgique de n'en pas avoir eu assez, et d'avoir toujours trop aveuglément laissé aux pays voisins le soin de diriger ses artistes.

Au début du siècle, Poussin et Joseph Vernet sont les modèles que nous trouvons le plus en honneur parmi les artistes belges. Hélas! Vernet plutôt que Poussin : car il n'y a guère la moindre parcelle du génie de Poussin dans les paysages léchés et maniérés de Balthazar Ommeganck, le *Racine des moutons* (1755-1826), et de son élève Eugène Verbeckoven (1798-1881), un des peintres les plus dénués d'imagination que nous ayons connus. Ommeganck non plus ne brillait guère par l'imagination. Il avait une petite vision minutieuse et sèche

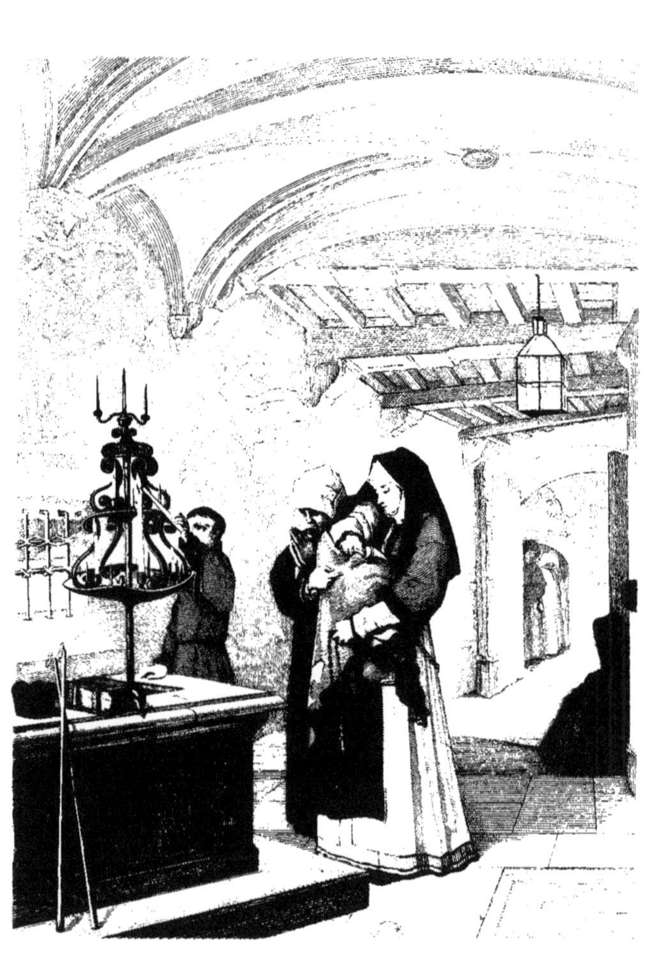

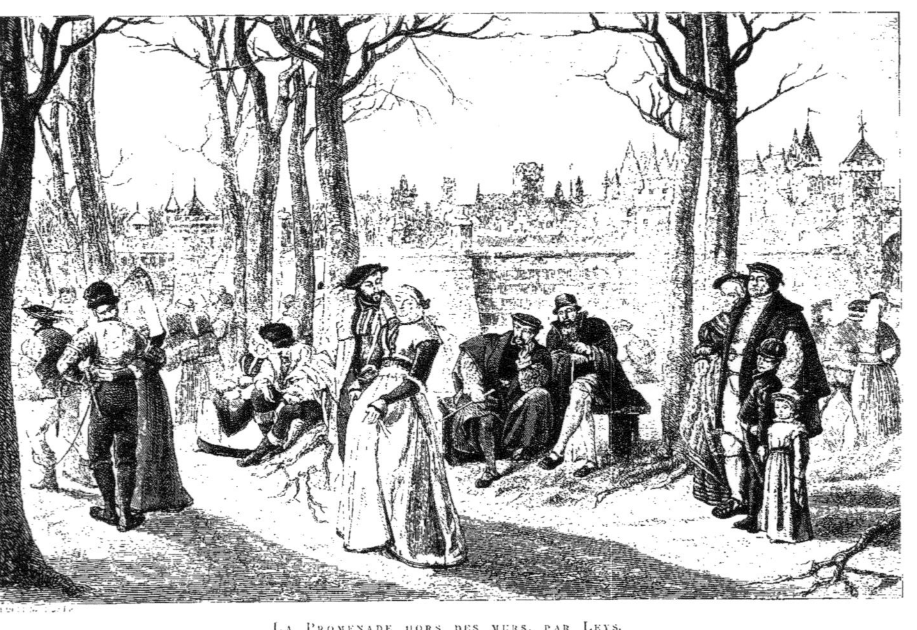

La Promenade hors des murs, par Leys.

qu'il eût pu très heureusement employer à des sujets réalistes; mais le malheureux se croyait tenu à être noble et poétique, et il frisait à satiété ses jolis petits moutons, et il multipliait les moineaux, les frais bosquets, les pâtres mélancoliques, et Dieu sait quelle odeur de pommade rancie s'exhale aujourd'hui de ses pauvres idylles dédaignées!

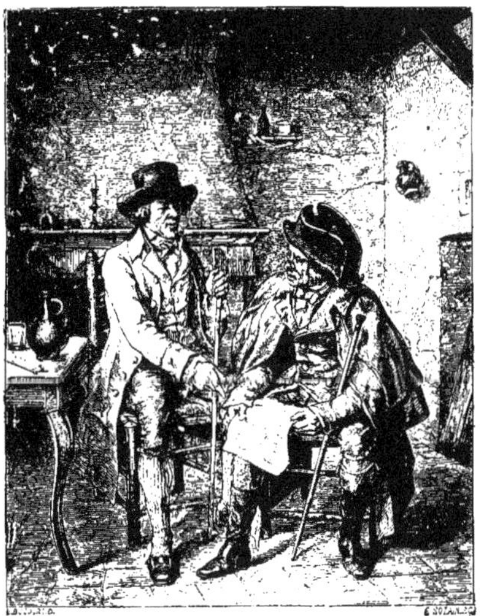

LES POLITIQUES, D'APRÈS MADOU.

A côté de ces paysagistes, qui imitent les imitateurs de Poussin, la Belgique, en 1800, nous offre une nombreuse tribu de peintres d'histoire qui imitent les imitateurs français de Lebrun et de Jouvenet. C'est à travers ces pompeux décorateurs français, les Subleyras, les Coypel et les Vanloo, que Rubens revient dans les œuvres de ses compatriotes Van Huffel (1769-1844), Joseph Paelink (1781-1839), auteur d'une *Invention de la Croix* aujourd'hui dans l'église Saint-Michel de Gand, Mathieu van Brée (1773-1839). Autant en emporte le vent.

En 1815 Louis David, exilé de France par Louis XVIII, arrive à Bruxelles et y fonde un atelier. Dès l'année suivante l'école

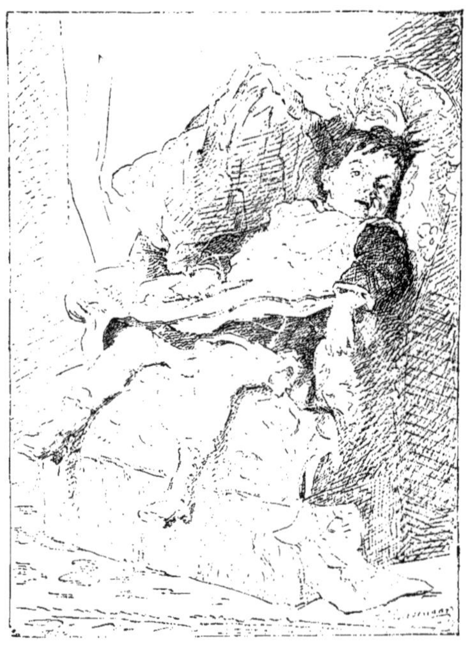

UNE VOCATION, PAR M. A. CLUYSENAER.

belge fait suite à l'école française des Guérin, des Girodet, des Drouais et des Schnetz. L'art classique inauguré par David a désormais deux branches : la branche parisienne et la branche bruxelloise. La plupart des peintres belges que nous avons cités plus haut raffermissent ou plutôt raidissent leur manière pour se mettre au courant du mouvement nouveau. Le fort et profond génie de David, personne ne parvient à le lui prendre, à Bruxelles non plus qu'à Paris; mais c'est à Bruxelles que le maître trouve son élève le plus savant, le plus docile, le mieux fait pour l'imiter dans

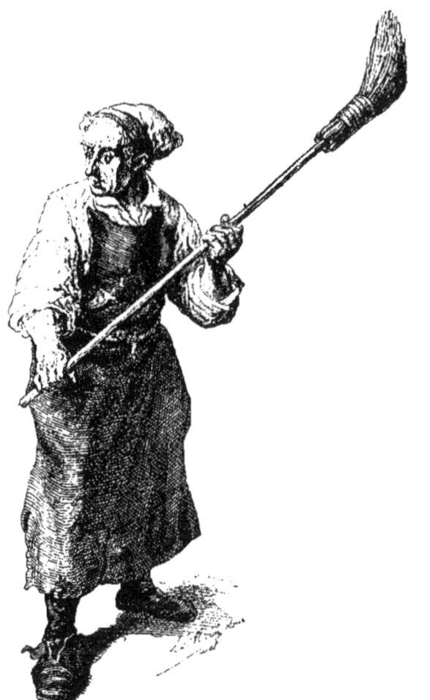

La Chasse aux rats, fragment du tableau de Madou.

la diversité de ses manières. Si François Navez (1787-1869) avait employé à des œuvres originales les belles qualités de vision et d'exécution qu'il employa à imiter David, la Belgique aurait pu joindre son nom à ceux de ses maîtres classiques. L'*Agar dans le désert* du Musée de Bruxelles est une machine d'une emphase et d'une austérité assez ridicules; mais le dessin y est ferme, précis, manifestement étudié d'après nature. Dans la collection Portaels, un *Portrait de Louis David*, sans pouvoir être comparé aux portraits que ce glorieux maître a laissés de lui-même, atteste pourtant une grande connaissance de la physionomie et une remarquable habileté dans le maniement de la couleur.

Navez fut, dit-on, un professeur incomparable. Il prit la direction

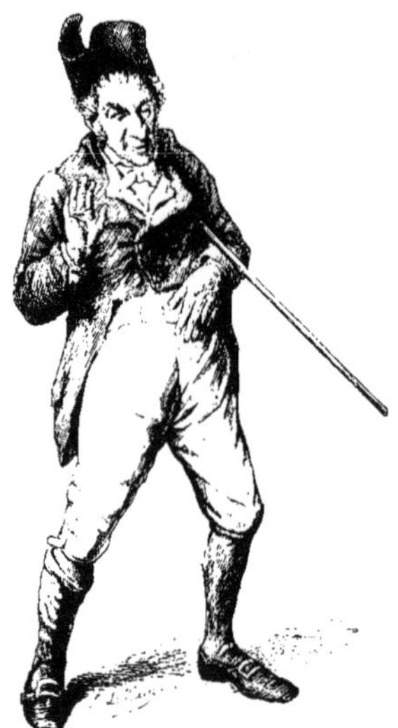

Le Garde champêtre en goguette, d'après Madou.

de l'atelier de David à la mort de celui-ci, en 1825, et la plupart des peintres belges contemporains ont reçu ses leçons. Mais les enseignements les plus rigoureux n'ont jamais pu empêcher un artiste belge de guetter la mode de Paris, et de tout abandonner pour s'y conformer. En 1830, le classicisme de David ayant en France cédé le pas au romantisme de Géricault, de Léopold Robert, de Devéria et de Delacroix, les élèves de Navez devinrent romantiques.

La situation, politique d'ailleurs, était faite pour exalter et passionner les jeunes esprits. La Belgique venait de conquérir son indépendance : chacun se sentait prêt à briser toutes les chaînes, et les chaînes de la tradition de David volèrent en morceaux, au nez du digne Navez un peu ébahi.

Le signal de l'insurrection fut donné par un peintre d'ailleurs assez médiocre et aujourd'hui bien oublié, Gustave Wappers (1803-1874), dont le Musée de Bruxelles possède un *Épisode de la Révolution belge*. Wappers était un pur romantique : son dessin était heurté et violent, son coloris tourmenté; ses personnages poussaient la franchise des mouvements jusqu'à l'incohérence, et la passion, dans l'ensemble, l'emportait de beaucoup sur le bon goût. Pourtant Wappers semble s'être aperçu de l'intérêt qu'il pouvait y avoir pour un Belge à faire de la peinture belge : car au lieu de se réclamer de Delacroix, de Devéria et de Louis Boulanger, c'est de Rubens qu'il se réclamait, de Rubens qui se serait détourné de ses machines criardes et inharmonieuses.

Rubens! Le souvenir de ce merveilleux homme me hante malgré moi, pendant que j'essaie de raconter l'histoire de la peinture belge contemporaine. C'est que les Belges auront beau faire, la Belgique sera toujours Rubens. En lui, elle a trouvé sa raison d'être, à jamais. Rubens est, dans le vaste empire de l'art, comme un espèce de roi des rois. Il est le seul qui ait mis dans son œuvre toute la peinture, et toute la musique, et toute la poésie. Avec cela, un vrai Belge, portant à leur absolue perfection toutes les qualités de sa race : l'impétuosité du sentiment, la chaleur et la justesse des sensations, l'amour des grands ensembles, la pénétration immédiate de la vie plastique. Que l'on y songe, tout ce que l'art a produit de solide depuis Rubens vient en ligne droite de lui. Son influence se retrouve dans Vélasquez, dans Poussin, dans Franz Hals. C'est lui qui, par Lebrun et Jouvenet, a fait le XVIIe siècle français. Watteau et Boucher lui doivent d'être ce qu'ils sont. C'est lui qui, par Van Dyck, a fait le XVIIIe siècle anglais : Reynolds, Gainsborough, Lawrence sont ses petits-fils. Et ces romantiques français que les Belges ont imités dès 1830, que sont-ils, sinon des élèves un peu grossiers de Rubens ? Aussi les Belges ont-ils ima-

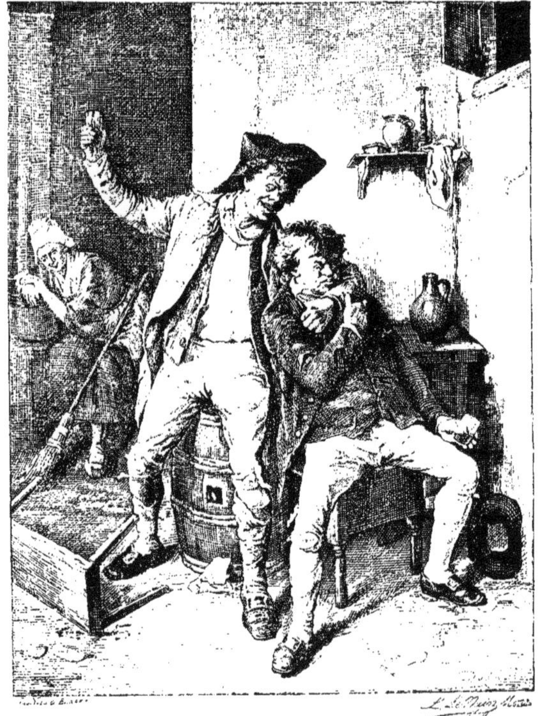

UN AMI EMBARRASSANT, DESSIN DE J. B. MADOU, D'APRÈS SON TABLEAU

giné, depuis quelque temps, de mépriser le héros de leur race. Il faut entendre les jeunes artistes bruxellois railler dédaigneusement la vulgarité du plus élégant de tous les peintres : comme si tout ce qu'ils pourront faire jamais, que ce soit l'impressionnisme, le symbolisme ou même le passionnisme ne se trouvait point contenu dans quelqu'un des quatre-vingts Rubens du seul Musée de Munich !

A l'époque où il nous faut maintenant revenir, aux alentours de 1820, Rubens n'était pas traité, par ses compatriotes, de cette dédaigneuse façon. A côté de Wappers, qui le proclamait son maître, il y avait Antoine Wiertz (1806-1865) qui l'imitait, ou plutôt le parodiait.

Celui-là est un type curieux : il possède exactement toutes les qualités belges que nous indiquions tout à l'heure chez Rubens; mais comme il n'a pas de génie et que même il est un sot, toutes les qualités de son maître deviennent chez lui de lamentables défauts. L'impétuosité du sentiment, chez lui, n'étant point appuyée sur une émotion profonde, se traduit par des mouvements incohérents, une improvisation fatigante, une façon de vaine déclamation à outrance. Il a, comme ses compatriotes, des sensations justes et ardentes, mais il ignore la manière de s'en servir, et, trop fougueux pour s'astreindre à un patient réalisme, il se fait virtuose du pinceau et virtuose tout à fait inférieur; il s'ingénie à disposer des trompe-l'œil, à réaliser de faciles effets perspectifs. Son atelier est une boîte à surprises où chaque coin renferme quelque nouvelle amusette. L'amour des grands ensembles, c'est, chez lui, le goût des compositions gigantesques, occupant des toiles de 100 mètres, ou bien encore des cycles symboliques, comme la scène des *Visions d'une tête décapitée*. Misérables avortements où l'art n'a point de place, ni non plus la philosophie, ni la poésie, et qui laissent une impression si navrante à ceux qui ont vu, à Bruxelles, l'atelier de Wiertz, aujourd'hui transformé en musée ! Quant à la pénétration des secrets de la vie et du mouvement, hélas ! Wiertz possédait aussi cette précieuse qualité, et c'est de la voir stérilisée par son inintelligence que nous sommes le plus vivement peiné. Car dans certaines figures du *Triomphe du Christ*, dans deux ou trois petits tableaux trop hâtivement esquissés, sous la niaiserie de l'idée et la négligence de la facture, nous découvrons un œil de peintre, excellemment doué pour reproduire la vie extérieure.

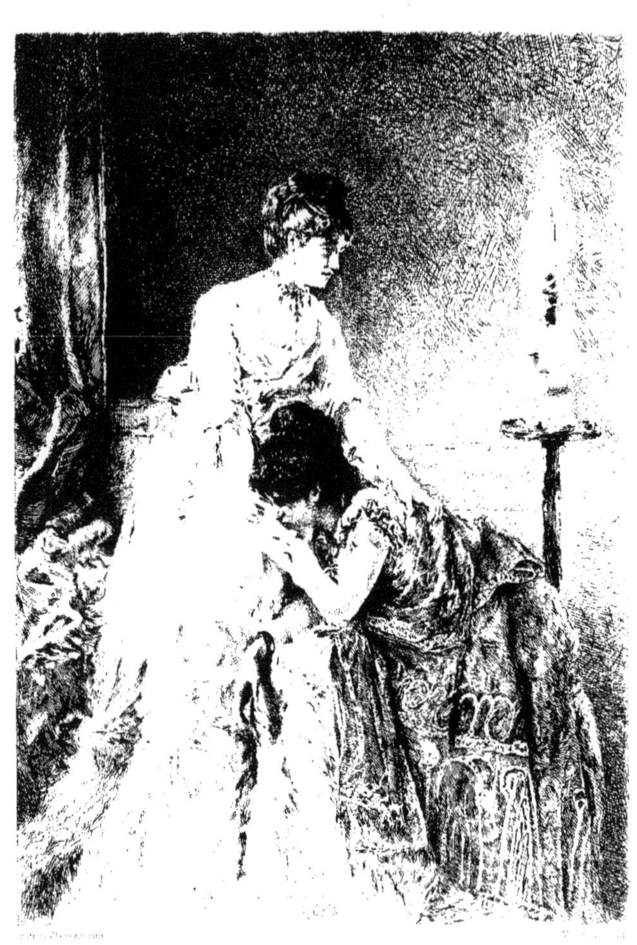

Des autres soi-disant imitateurs de Rubens, dans cette première période du romantisme belge, de Nicaise de Keyser, et de Slingeneyer, et de Thomas, l'auteur du *Judas* du Musée de Bruxelles, tout au plus si nous pouvons citer les noms : ils n'eurent point la fougue de

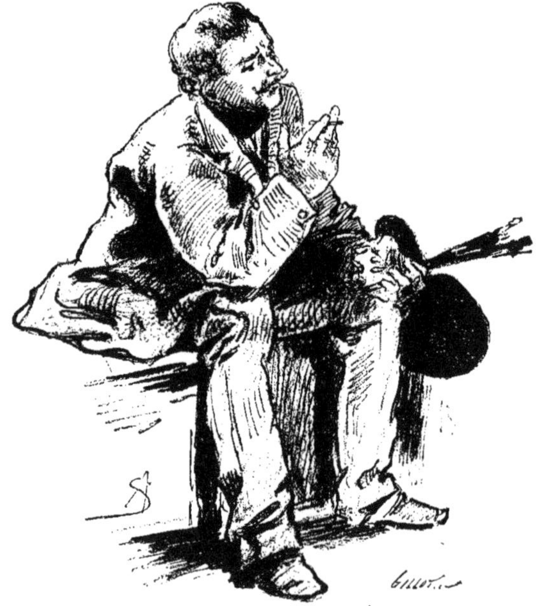

FAC-SIMILÉ D'UNE ÉTUDE AU CRAYON PAR ALFRED STEVENS.

Wappers ni l'excentricité de Wiertz. Le contact de la moindre esquisse de Louis Boulanger, qui cependant n'avait pas leurs qualités de facture, réduirait à néant le peu de choses que sont leurs ouvrages.

Après Delacroix, Paul Delaroche. Ce peintre ennuyeux s'est manifesté aux Belges dans l'œuvre de Louis Gallait : et cette fois comme souvent, l'imitateur belge était plus savant, plus habile, mieux doué au point de vue technique que son modèle français. Louis Gallait est même, sans aucun doute, le meilleur peintre d'histoire du XIXe siècle. Il a un grand sentiment de l'effet dramatique, une science très sûre et très étendue, une extrême habileté dans le maniement des couleurs. Ses premiers tableaux, l'*Abdication de Charles-Quint* (au Musée de Bruxelles), les *Derniers honneurs rendus aux têtes coupées d'Egmont et de Horn* (au Musée de Tournai), le *Comte d'Egmont se préparant à mourir* (au Musée Moderne de Berlin), ne doivent pas seulement à la nature de leurs sujets l'énorme succès qu'ils ont obtenu. Mais ce succès est aujourd'hui bien loin de nous, et Gallait s'enfonce dans l'oubli. Le genre qu'il avait adopté est un genre fâcheux, parce que, pareil à tous les genres qui ne reposent point sur l'observation personnelle de la nature ou sur une émotion sincère, il réclame sans cesse des formes nouvelles. Le public d'aujourd'hui n'est point fatigué du genre de Delaroche et de Gallait; il en est plus curieux que jamais, et tous nos peintres s'épuisent à le lui fournir. Mais c'est une forme nouvelle qu'il faut à ce public, pour apprécier encore les tableaux à effet dramatique. Il veut aujourd'hui des scènes de misère, des contrastes sociaux, ou des épisodes de la Régence, du Directoire, ou des fantaisies parisiennes. De la peinture à sensation il en est comme du mélodrame, qui a simplement changé de forme depuis vingt ans, et fleurit dans nos théâtres avec plus d'éclat que jamais.

Continuons à noter la série des imitateurs. Gallait était au plein de son triomphe lorsqu'il vit se dresser devant lui un rival qui cultivait un genre voisin du sien, mais qui, déjà, avait senti qu'il était nécessaire d'y introduire des éléments nouveaux. Henri Leys (1815-1869) s'était annoncé de bonne heure comme un maître imitateur. Il lui avait suffi, au sortir de l'école, de voir les petits maîtres hollandais, Pieter de Hooghe et Maes, pour faire aussitôt, dans leur manière, presque aussi bien qu'ils avaient fait. Mais c'est dans le cours d'un long voyage en Allemagne qu'il parvint à combiner assez habilement diverses imitations pour se constituer une manière, pour ainsi dire, à lui. Au contraire de celle de Gallait, qui est tragique et passionnée, la manière de Leys est toute de charme et d'apparente naïveté. Les

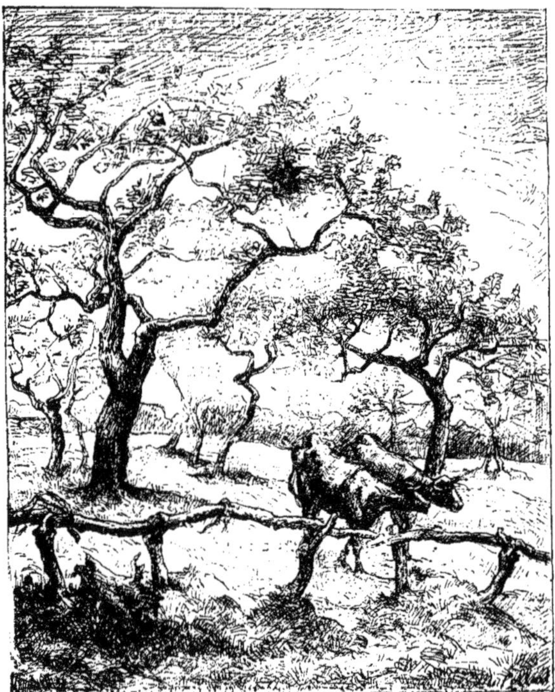

LE VERGER, PAR MADEMOISELLE MARIE COLLART.
(Croquis de l'artiste.)

sujets seuls peuvent déjà en donner l'idée : *Luther enfant dans les Rues d'Eisenach*; la *Promenade hors des murs des bourgeois de Nuremberg*; les *Femmes dans l'église*, etc. Ces simples et touchants sujets sont traités d'une façon juste aussi archaïque qu'il convient pour les rendre plus agréables. Les costumes sont très soignés, les expressions ont une douceur enfantine, et le décor séduit par son élégante propreté. Tout cela, d'ailleurs, dessiné et peint par un admirable praticien. Les fresques de la salle du Conseil de l'Hôtel de Ville d'Anvers reproduisent, en grand, la même manière, qui n'est autre chose, en vérité, que la transition entre la peinture d'histoire et la peinture dite de genre. Malheureusement l'art n'a que peu de place dans l'œuvre du peintre flamand. Ses décors sont jolis, mais ce sont des décors; et ses personnages, comme la fameuse jument de Roland, ont l'unique défaut de ne pas être en vie.

Pendant que les imitateurs de Leys se mesuraient avec les imitateurs de Gallait, la France continuait à fournir aux peintres belges de nouveaux modèles pour l'imitation. Courbet, par exemple, a déterminé en Belgique un mouvement de réalisme que nous devons tout au moins signaler en passant. Peu de temps après que le maître d'Ornans eût exposé à Bruxelles son *Casseur de pierres*, le Belge Charles De Groux (1825-1870) lui répondit par une série de tableaux traités avec les mêmes couleurs sombres et violentes, et reproduisant des scènes analogues, intérieurs de mansardes, disputes au cabaret, repas de paysans. Un très habile dessinateur et peintre contemporain, M. Mellery, suit, avec un talent remarquable, la même tendance réaliste. Le réalisme de Courbet s'unit au sentimentalisme bon enfant de Charlet et au romantisme de Decamps, dans les tableaux de Joseph Stevens, représentant, pour la plupart, et avec un talent tout à fait magistral, des épisodes de la vie des chiens. Depuis, le réalisme de Courbet a cédé la place à celui de Manet, puis à celui de MM. Seurat et Signac; et toujours les peintres belges ont imité les modes françaises, avec toujours un talent de facture, une force et une justesse de vision, un manque d'initiative personnelle absolument caractéristiques.

Voici d'abord quelques noms de paysagistes : Théodore Fourmois (1814-1871), auteur, au Musée de Bruxelles, d'un *Moulin*, que n'auraient pas désavoué nos maîtres de Barbizon ; Hippolyte Boulanger (1837-1874), un des peintres les plus habiles et les plus sincères

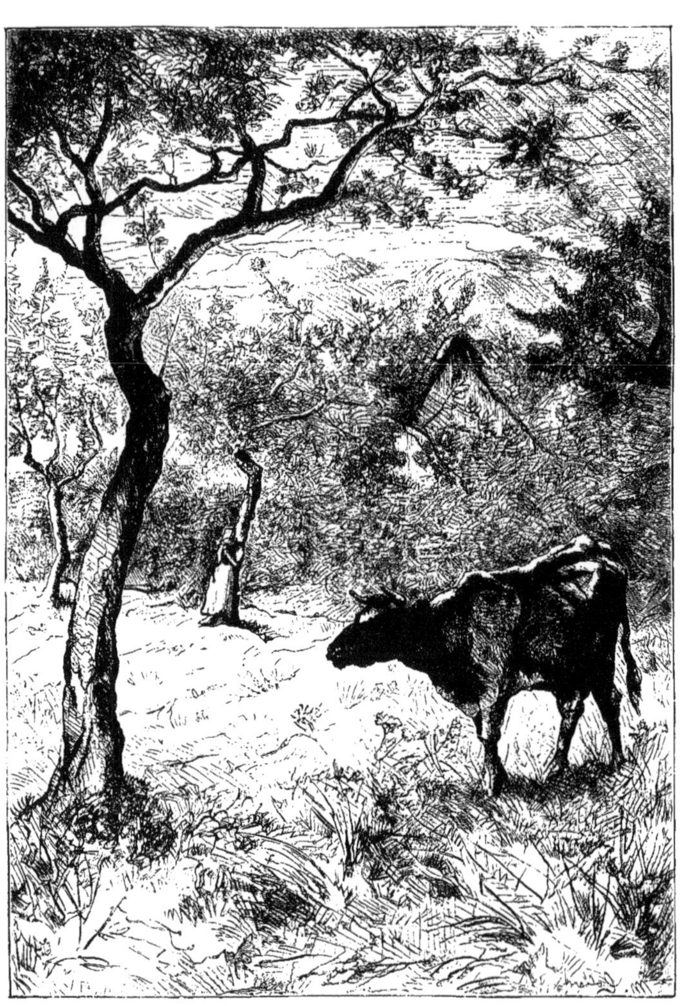

Temps gris, paysage, par Mademoiselle Marie Collart.

de l'école belge contemporaine; MM. de Knyff, Lamorinière, Mlle Marie Collart, dont le *Verger* a été un des succès de l'Exposition de 1878; plus tard, MM. Van de Velde, Van Strydonck, Verhaeren, jeunes artistes qui ont, plus ou moins, adopté les nouvelles méthodes impressionistes, mais qui ont traduit simplement sous cette forme, comme leurs prédécesseurs avaient fait sous d'autres, les solides et chaudes qualités de leur vision de la nature.

Les animaliers belges ne sont pas moins dignes de remarque : à côté de Joseph Stevens, que nous avons déjà cité, MM. Verlat (mort en 1890) et Alfred Vervée gardent une très réelle originalité de facture, infiniment supérieurs, en réalité, à la plupart de nos Rosa Bonheur et de nos Brascassat. Le génie leur manque malheureusement, et l'énergie pour s'affranchir des influences étrangères, au risque de n'être plus à la mode dans les Salons parisiens. Un jeune homme, M. Lemmens, a exposé récemment des *Éléphants* d'un dessin sobre et précis, tout à fait vivants.

Dans la peinture d'histoire et de portrait, M. Émile Wauters a été longtemps célèbre. Paris a admiré, non moins que Bruxelles, sa *Folie de Hugo van der Goes* (aujourd'hui au Musée de Bruxelles), où les figures s'harmonisent avec une élégance pleine de naturel. Aujourd'hui, sa peinture d'histoire est un peu dédaignée, et ses portraits, d'une facture pourtant exemplaire, sont un peu sacrifiés à ceux de jeunes peintres plus au courant des dernières inventions françaises.

Il y a aussi des peintres belges, qui au lieu d'imiter les nouveaux peintres français, imitent les vieux maîtres flamands ou hollandais. On a fait à l'un d'eux, J.-B. Madou, de Bruxelles (1796-1877), une réputation un peu exagérée. Ses scènes de cabaret sont d'un mouvement très vif et très naturel, mais ni le dessin ni la couleur n'y ont la magistrale sûreté qu'ils ont chez Craesebeecke, Brauwer ou Jan Steen. Madou a beau imiter les anciens Flamands : c'est à Charlet qu'il ressemble, à un Charlet plus jovial et moins spirituel.

En revanche, l'imitation de Pieter de Hooghe a merveilleusement réussi au regretté Henri de Braekelaer, dont les intérieurs ont une variété et une richesse de lumière incomparables. Que l'on voie seulement, au Musée de Bruxelles, la chambre aux belles tentures où un digne Flamand consulte au atlas : c'est d'un métier superbe, et d'une entente de la lumière et d'une vie de couleur que plus d'un de nos impressionnistes envierait à l'artiste belge.

Les vieux peintres de marine hollandais ont également trouvé dans la peinture belge contemporaine de dignes successeurs,

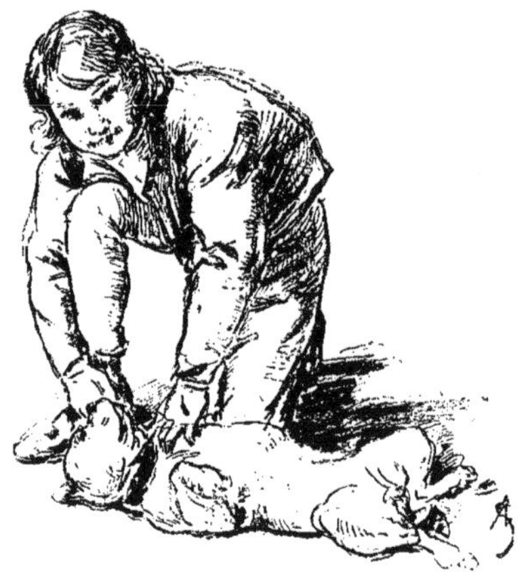

FAC-SIMILÉ D'UN CROQUIS DE M. ALFRED STEVENS.

M. Mols est assez connu des visiteurs de nos Salons pour qu'il n'y ait pas à faire son éloge : mais nous ne pouvons cacher que son confrère, M. Clays, nous paraît supérieur, non seulement à lui et à la plupart de ses compatriotes, mais encore aux Van Goyen, aux Backhuysen et aux Van de Velde. Il voit la mer avec plus de nuances, et il sait mieux répandre sur ses toiles une lumière vivante. Pourtant à lui aussi nos peintres français en imposent; ses dernières *Marines* ne ressemblent plus à sa *Rade d'Anvers*, du Musée de Bruxelles; on sent qu'il s'est inquiété des succès de M. Ziem, de M. Boudin et de nos impressionnistes de la dernière heure. N'importe! dans ses imitations successives il reste un maître, parce que le genre où il s'exerce ne requiert point d'autres qualités que celles qu'il y peut employer, la force et la netteté des sensations visuelles.

Tous ces dignes peintres s'occupent à produire des œuvres très méritoires dans des genres qu'ils nous empruntent. Un seul genre est exclusivement belge, encore que les peintres belges qui le pratiquent aient trouvé pour rivaux l'Allemand Heilbuth, l'Espagnol Madrazo, et l'Italien Nittis : ce genre exclusivement belge est le genre des scènes parisiennes, ou plutôt le genre *vie parisienne*. Sa définition, — sa recette, — est assez compliquée. Il s'agit, en somme, de présenter sous une forme agréable, à propos d'un épisode aussi spirituel que possible, les dernières modes de Paris; et il convient, en outre, d'approprier à ces sujets une facture qui réponde également aux dernières exigences de la mode. Mais plutôt que de nous embarrasser dans des explications théoriques, voici quelques exemples. Ils se chargeront de faire voir l'intérêt et la valeur de ce genre, le seul dont l'Europe soit redevable, depuis cent ans, à la patrie de Rubens et de Van Dyck.

De 1850 à 1870 les modes parisiennes ont beaucoup varié : mieux que dans la collection des journaux de modes, vous trouverez les diverses étapes de leur évolution dans les œuvres successives de M. Alfred Stevens. Les sujets? Ils varient comme les toilettes des personnages représentés, toujours appropriés au goût du moment. En 1854 ils sont familiers et un peu bourgeois; plus tard, ils deviennent demi-mondains, puis mondains. Vers 1863 (affaires de Pologne) la sentimentalité y domine : une jeune fille suspend du buis béni au portrait de ses parents; une mère se lamente sur le triste sort de son enfant orpheline. Plus tard encore, lorsque la poésie revient en faveur avec les Parnassiens, M. Stevens peint Ophélie les yeux hagards. Il accueille les modes japonaises en peignant des Parisiennes costumées en mousmés, et à cette gradation des sujets il adapte une gradation parallèle de la forme : tour à tour imitant Gavarni, Ricard, Courbet, Regnault, Manet et M. Gervex.

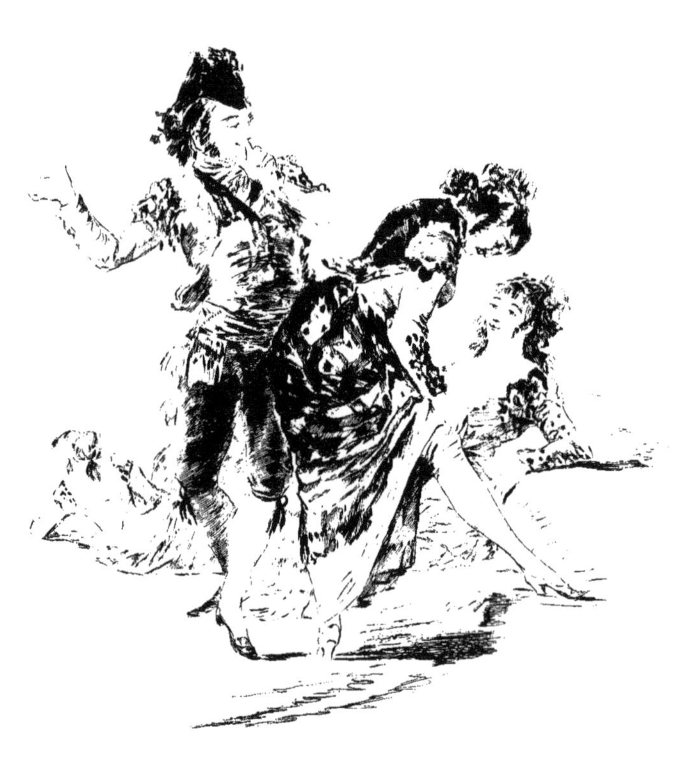

Nous allions oublier un détail essentiel : ces styles successifs où il a travaillé, M. Stevens les a pratiqués avec une science, une sûreté de main, une finesse d'observation qui font de lui un des maîtres les plus considérables de l'art contemporain. Il a été vraiment plus fort en toute manière que les peintres qu'il a imités. Son dessin, son coloris, son plein-air sont d'une maîtrise superbe. L'intention seule, chez

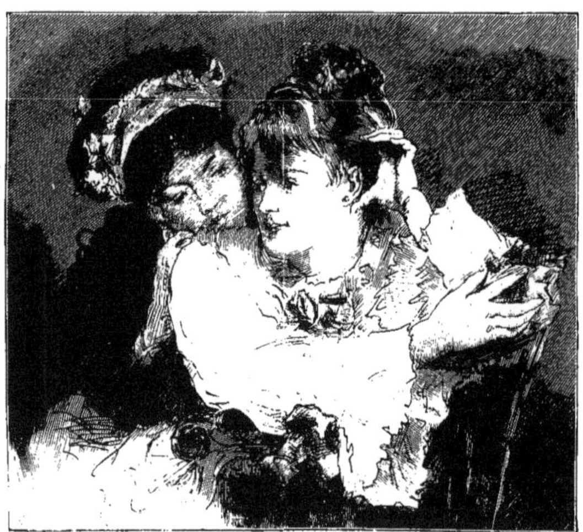

Dessin de M. Alfred Stevens.

lui, a l'on ne sait quoi d'un peu déplaisant. Nous avons l'impression qu'il y a dans la vie parisienne quelque chose qui lui a échappé, quelque chose, pour ainsi dire, d'imbelgifiable à perpétuité : mais ce que c'est au juste, nous n'en savons trop rien, et en attendant il n'y a guère à Paris personne pour nous donner d'aussi agréable peinture que M. Stevens.

Ce peintre éminent est né à Bruxelles le 11 mai 1828. Son

minutieuse, léchée, et toute de convention, telle qu'il en faut à un public amoureux de photographie, une préoccupation exclusive de l'effet sensuel, et juste assez d'élégance extérieure pour mieux faire sentir la luxure des poses et des expressions, voilà ce que M. Van Beers a mis dans son art, aujourd'hui populaire et quasi national, non seulement à Paris et à Bruxelles, mais à Londres, à New-York, dans le monde entier. La reine d'Angleterre et le prince de Galles ont renouvelé, à l'égard de M. Van Beers, les traditions d'hospitalité qu'Henry VIII avait inaugurées envers Holbein le Jeune, et Charles Ier maintenues envers Antoine Van Dyck.

Cependant M. Van Beers lui-même aura bientôt fini son temps. Il faut aujourd'hui au public qui a été le sien, après avoir été celui de M. Stevens, une sensualité non point plus raffinée, mais plus excentrique, et rien ne vaut, pour exciter une génération vieillissante ou sénile, comme le rayon d'une pointe de mysticisme dans la luxure. Se rappelle-t-on, à l'Exposition du Champ-de-Mars de 1890, les envois d'un jeune artiste belge, M. Knopff? On voyait là des femmes nues et d'allures provocantes, mais arrangées en Salammbô avec des yeux noyés d'extase et des effets de lumière quelque peu fantastiques. M. Knopff a trouvé la formule nouvelle du genre dont nous parlons : et il est fort heureux que ce genre soit tombé entre les mains d'un artiste aussi habile, aussi savant et aussi distingué.

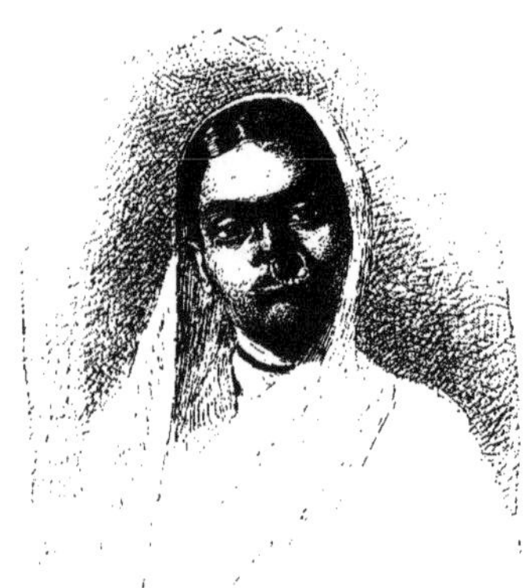
TÊTE DE FEMME, PAR VERESCHAGIN.

La Hollande est, depuis deux cents ans, plus pauvre encore que la Belgique en peintres originaux. Il est même étonnant de voir à quelle triste et vilaine peinture se sont employés les descendants de ces maîtres secondaires du XVIIe siècle, qui s'étaient si bien partagé la tâche, et s'y étaient mis de si bon cœur et avec tant de franchise, que le petit art qu'ils avaient créé semblait destiné à se perpétuer indéfiniment. On comprend que Rembrandt, Vermeer, Ruysdaël, n'aient pu être remplacés; mais que personne n'ait pu, après Miéris, Gérard Dow, Hobbéma, Kalf et Huysum, reprendre la manière de ces dignes artisans et continuer à faire ce qu'ils avaient fait, c'est bien la preuve qu'une mystérieuse providence mène les hommes à son gré, et commence et arrête leurs actions au moment qui lui plaît.

Quelques malheureux essayèrent bien, au XVIIIe siècle, de recommencer l'œuvre de leurs devanciers. Nous avons vu, dans les musées de Hollande, leurs maigres et rachitiques intérieurs, où les tentatives de gaieté se tournaient en lamentables grimaces. Mais il nous faudrait faire bien des recherches pour retrouver leurs noms, comme aussi ceux des peintres hollandais de la première moitié du XIXe siècle, médiocres imitateurs de Guérin et de Lethière. Ils sont morts, et Koeckoeck, et Boosboom, et Pineman : pourquoi aller exhumer leurs cadavres dans la fosse commune des peintres inutiles?

Un seul d'entre eux a trouvé le moyen de prolonger son existence. Ce rusé personnage a eu l'idée de venir s'installer à Paris, de se mêler au monde de la politique et des lettres, de se lier intimement avec les fils de Louis-Philippe, et de s'acquérir une fortune assez ronde, avec quarante ans d'immortalité. Les quarante ans sont bientôt finis : déjà plus d'un de nos lecteurs en est à se demander ce qu'a pu être au juste Ary Scheffer. Nous allons le lui apprendre, le plus rapidement que nous pourrons.

Ary Scheffer est né en 1795 à Dordrecht, en Hollande. Son père était un peintre médiocre; son frère Arnold Scheffer fut peintre aussi, médiocre aussi. A douze ans, Ary envoyait un grand tableau à l'Exposition d'Amsterdam. A quinze ans, il vint à Paris et entra dans l'atelier de Guérin, où il eut pour condisciples Géricault et Delacroix. Ayant à choisir entre le classicisme académique de son maître et le romantisme de ses condisciples, il s'arrêta à un parti intermédiaire. Il peignit des sujets romantiques avec la facture timide et gauche des élèves de David. *Les Bourgeois de Calais*, exposés la même année que la *Barque de Dante* et le *Radeau de la Méduse*, étaient un parfait spécimen de ce compromis artistique. Quelques années après, Scheffer réduisit ses ambitions : il peignit de petits sujets bourgeois imités d'Horace Vernet, le *Retour du Conscrit*, les *Orphelines sur la tombe de leur mère*. C'est seulement en 1827 qu'il fit preuve d'une certaine originalité, en exécutant son grand tableau des *Femmes Souliotes*, mal dessiné et mal peint, comme tous ses ouvrages, mais plein d'un beau souffle romantique.

En 1831, sa manière changea de nouveau. Il s'éprit des œuvres allemandes de l'école chrétienne, et produisit sa série de tableaux représentant l'*Histoire de Marguerite*. Le charme facile des expressions, la simplicité un peu théâtrale des mouvements, et une certaine

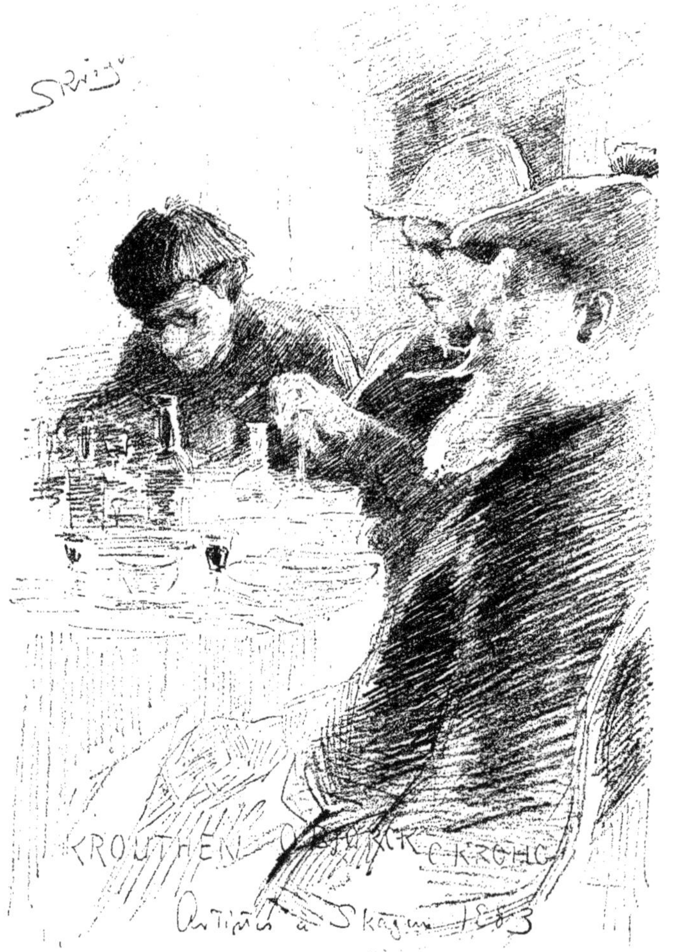

Un déjeuner d'artistes, par M. Kroyer.

(Fac-similé d'un dessin de l'artiste, d'après un fragment de son tableau.)

fraîcheur d'inspiration contribuèrent bientôt à faire de cette série une des œuvres les plus populaires de l'époque. Depuis, sauf des retours de plus en plus rares à sa manière romantique, Scheffer n'a pas cessé de suivre le mouvement de l'école allemande. Ses tableaux religieux, le *Christ consolateur*, *Saint Augustin et sainte Monique*, la *Tentation*, et ses allégories, dont la plus célèbre est celle des *Douleurs de la Terre*, ne sont plus seulement des recherches d'expressions touchantes, ce sont des œuvres manifestement symboliques, destinées à conduire les âmes à la foi ou à traduire des vérités générales. Si nous avouons après cela que Scheffer, sans avoir jamais su peindre, a fait de meilleures peintures que les Allemands dont il s'inspirait, et que ses œuvres, déplaisantes en France, font l'impression de toiles de maître dans les musées allemands où on les rencontre, ce n'est pas un éloge dont son ombre puisse être bien fière. Ni la pureté d'âme d'Overbeck, ni l'ingénuité de Schwind, ni la vigueur intellectuelle de Cornélius ne se retrouvent chez lui. Toute originalité véritable lui a manqué. Nous avons vu comment il a erré toute sa vie de sujet en sujet, sans savoir à quel genre il devait se consacrer. Au point de vue de la facture, son histoire est la même. « Tantôt, dit Charles Blanc, il s'éprenait de Rembrandt; tantôt il s'éprenait de la peinture de M. Ingres. Je l'ai vu un jour en extase devant un superbe portrait de Ferdinand Bol, qui certainement l'a influencé pendant quelque temps. Une autre fois c'étaient les romantiques modernes qui le tourmentaient, après quoi il revenait à la simplicité touchante de Lesueur. » Il est mort à Argenteuil en 1858. Dans dix ans, les historiens de l'art contemporain n'auront même pas l'idée de citer son nom.

Il est probable, en revanche, que ces historiens consacreront un chapitre entier à l'œuvre de M. Joseph Israëls, qui a eu le très grand mérite de faire renaître une école de peinture dans la patrie de Rembrandt. Aujourd'hui déjà, M. Israëls est un maître de réputation européenne. L'Angleterre et l'Amérique se disputent ses ouvrages : aux Salons de Paris, ses œuvres font sensation; en Allemagne, il a de nombreux élèves et imitateurs. Nous croyons pourtant pouvoir

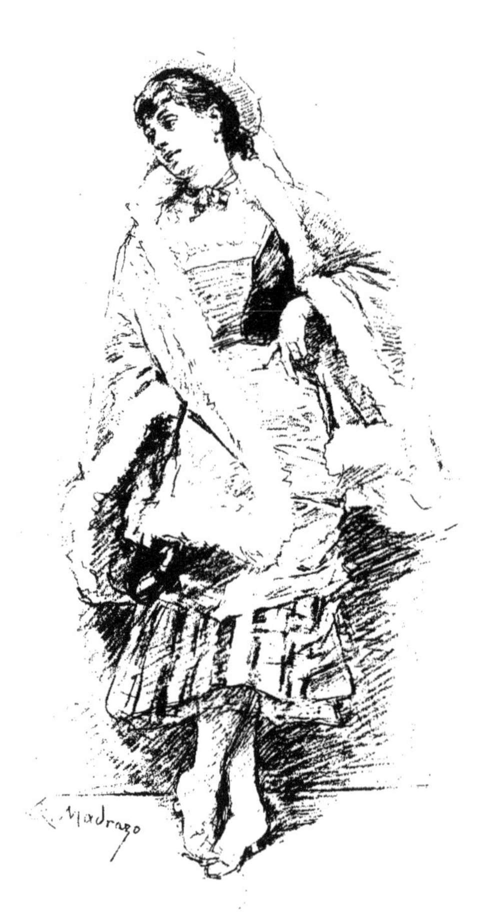
Madrazo

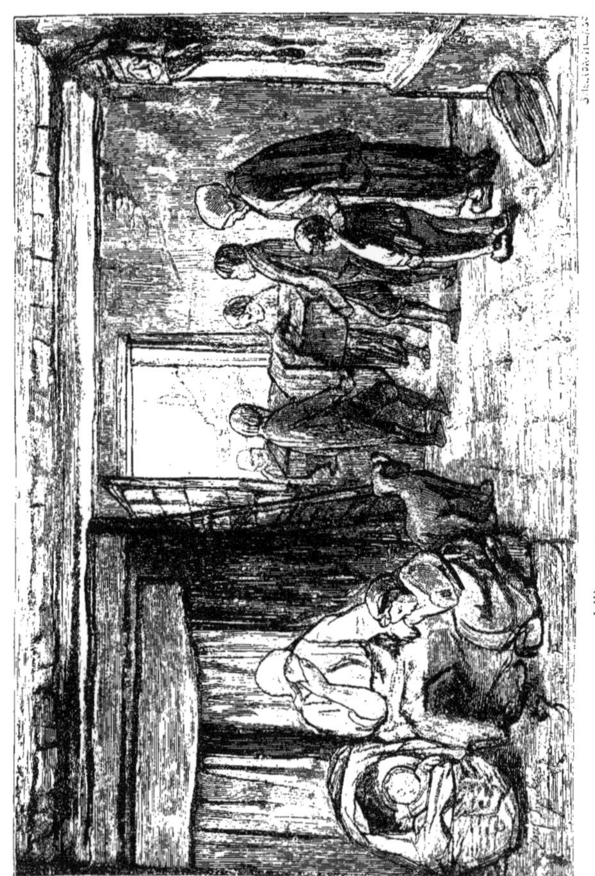

L'Enterrement, par M. Joseph Israels.

prédire qu'il se publiera, dans cinquante ans, des histoires de l'art du XIXe siècle où M. Israëls ne sera point nommé. Car c'est fort méritoire de réintroduire la peinture dans un pays, mais l'histoire se soucie davantage des grands artistes que des grands importateurs, et il manque bien des choses à M. Israëls pour être un grand artiste.

Il lui manque d'abord l'originalité. Ses tableaux sont des mélanges d'imitations diverses. Rembrandt, Maes, J.-François Millet et M. Jules Breton retrouveraient chacun son lot dans cette peinture sentimentale, où, sous prétexte de réalisme, nous voyons des paysans et des paysannes à l'air plus abruti que de raison (procédé infaillible pour attendrir l'âme publique), des jeunes pêcheuses attendant les lettres de leurs fiancés, des mères pleurant leurs fils noyés ou inversement.

Il manque aussi à M. Israëls de savoir faire une peinture agréable aux yeux. Nous avons la ferme conviction que le goût du public subit depuis quelque temps une façon d'influenza passagère, et que bientôt l'on reviendra à l'observation du seul principe esthétique fixe de la peinture, momentanément tombé en désuétude : on recommencera à sentir que la peinture a pour première fonction de faire plaisir aux yeux, quitte ensuite à être réaliste, impressionniste, idéaliste ou sentimentale. Qu'un peintre entende comme il veut le but de son art; mais nous avons le droit d'exiger de sa peinture qu'elle n'offusque pas notre vue. Est-il un seul des peintres d'autrefois qui ait manqué à cette condition? Les plus singuliers, les plus sombres, les plus brutals ont toujours pris la précaution de ménager les habitudes visuelles de leurs contemporains. De même nous consentons qu'un musicien exprime, décrive ce qu'il voudra, et combine les accords à son gré, pourvu qu'il évite les sonorités déplaisantes et ne blesse point nos oreilles avant de s'adresser à notre cœur. Or, la peinture de M. Israëls est désagréable pour les yeux : elle a quelque chose de sale, d'enfumé, de brouillé, qui choque et irrite. Si l'on prétendait que cette peinture est conforme à la réalité, nous répondrions que nous n'avons aucun besoin d'une réalité aussi déplaisante, et que, d'ailleurs, la réalité

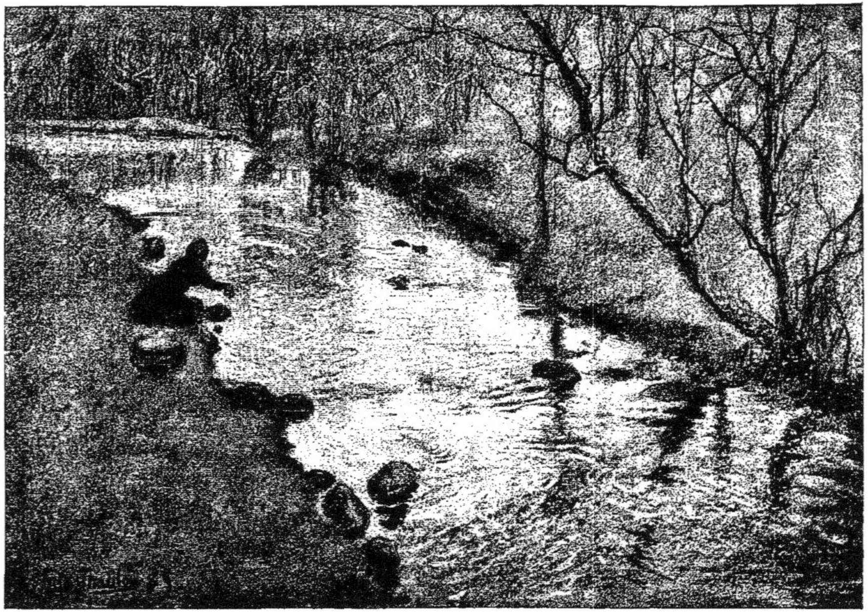

Au bord d'un fleuve, par M. Thaulow.

n'est pas dans les choses, mais dans les yeux qui les voient.

Enfin il manque à M. Israëls d'être un peintre très habile. Son clair-obscur est d'une monotonie qui ne le rend pas plus magistral; son dessin est sommaire et assez maladroit, enfantin, si on le compare à celui de M. Menzel ou de Jean-François Millet; seule, la composition du tableau est intéressante, bien faite pour mettre en valeur l'émotion du sujet.

En réalité, nous avons l'impression que les enthousiastes de M. Israëls se sont un peu laissé mystifier. M. Israëls n'est point le peintre classique hollandais, uniquement épris de la forme et de la lumière. Son seul mérite est d'avoir traduit les sujets sentimentaux à la mode en Allemagne et en Angleterre dans une forme plus rude, plus simple, plus aisément émouvante.

M. Joseph Israëls est né à Groningue, en 1827, d'une famille israélite. Destiné d'abord au rabbinat, il entra ensuite dans le commerce, puis se mit à étudier la peinture, sous la direction du vieux Jan Kruseman, peintre de genre et de paysage. Il acheva son éducation à Paris, dans l'atelier de Picot, suivit les cours de l'École des Beaux-Arts, et, en 1848, revint à Amsterdam. C'est seulement huit ans après, en 1856, qu'il tenta pour la première fois le genre des scènes de la vie des pêcheurs. Son tableau de cette année-là, *Au tombeau d'une mère*, est aujourd'hui au Musée royal d'Amsterdam. En 1862, il peignit son célèbre *Naufragé*, que suivirent la *Femme veillant le cadavre de son mari*, l'*Enterrement du pêcheur*, l'*Enfant convalescent*, l'*Attente*, etc.

M. Israëls demeure à La Haye; son fils Isaac travaille auprès de lui et dans le même genre. Mais ce genre est cultivé en Hollande par des peintres qui savent y mettre des qualités très supérieures d'émotion et de facture. MM. Maris, M. Christophe Bischopp, M. Artz, familiers au public des Salons parisiens, sont parmi les représentants les plus remarquables de cette peinture sentimentale.

A côté d'eux, la Hollande possède aujourd'hui des peintres plus sincères, plus fidèles aux traditions réalistes de leur race. Antoine Mauve, de La Haye, mort en 1888, comptera parmi les paysagistes et

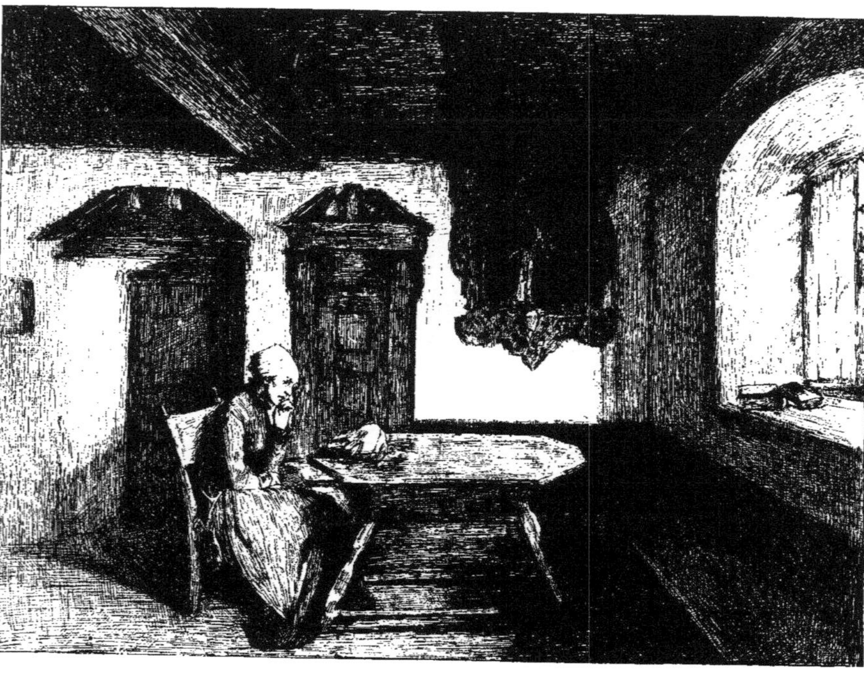

SOLITUDE, PAR MADEMOISELLE HARIETT BACKER.
(*Dessin de l'artiste.*)

les animaliers les plus consciencieux de notre époque. Les marines de M. Mesdag ont une puissance qui fait songer aux marines de Backhuysen ; les vues de villes de M. Henkes rappellent les plus jolies compositions de Van der Heyden.

Mais il nous semble que la Hollande ne fait encore que s'éveiller de son sommeil de deux siècles, et que bientôt un mouvement d'art superbe en fera de nouveau une terre privilégiée. Depuis quelques années l'Exposition de Munich amène au jour des peintres nouveaux qui, tournant le dos aux excentricités contemporaines, dédaignant enfin le soi-disant plein air des environs de Montmartre, et la soi-disant simplicité larmoyante de M. Israëls, retournent hardiment aux vraies sources où ils peuvent s'inspirer : aux paysages des Ruysdaël et des Adrien Van de Velde, aux intérieurs des Pieter de Hooghe et des Jan Vermeer. Ils apprennent de ces maîtres non point la manière de peindre, mais la manière de voir et de sentir la nature. Leurs ouvrages, encore un peu indécis, attestent déjà pourtant une éducation complète de l'œil et de la main. Qu'ils cessent donc de s'inquiéter de ce qu'on fait à Paris, ces braves jeunes gens, et qu'ils rendent à la Hollande son art d'autrefois, adaptant les formes anciennes à des sentiments nouveaux !

Il est fâcheux que notre éditeur ne puisse pas nous accorder un petit sursis d'une vingtaine d'années pour notre étude des écoles de peinture étrangères. Il nous semble en effet que sur l'école hollandaise, par exemple, nous aurions à dire dans vingt ans des choses beaucoup plus intéressantes que celles où nous avons dû nous borner dans ce volume. La peinture hollandaise est en train de faire un vigoureux effort pour se réveiller : se réveillera-t-elle, ou bien est-ce qu'après s'être un peu retournée elle se remettra à dormir sur un autre côté, voilà ce qu'il nous est encore impossible de deviner.

Mais c'est surtout pour l'étude de la peinture danoise, suédoise, norvégienne et russe que nous aimerions à nous ajourner au siècle qui vient. Car il est incontestable que le nord de l'Europe paraît vouloir faire parler de son art ; mais jusqu'à présent il ne nous a encore montré que de belles intentions, et ce qui en résultera les années prochaines, Dieu seul le sait dans sa toute-prescience.

Lisez les compte rendus de nos Salons annuels, ou des Salons de Munich ou de Londres. Vous aurez l'idée que la peinture des pays scandinaves est toute formée, qu'elle est originale et ancienne entre toutes, que, si l'on n'y prend garde, elle va tout bouleverser. Lisez maintenant les catalogues de ces expositions : les noms scandinaves y abondent, et l'on se demande avec effarement ce que doivent être

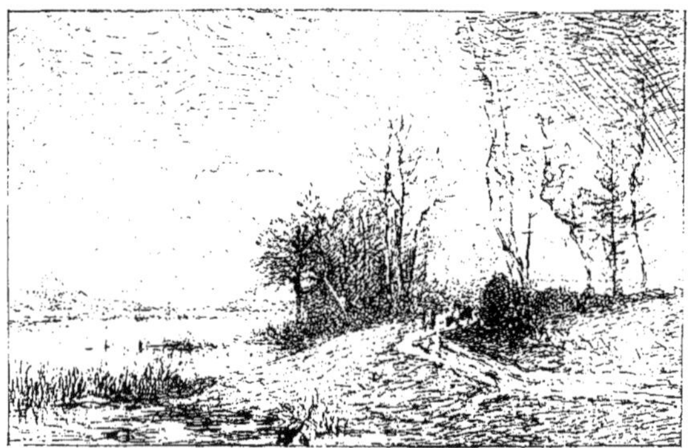

ENVIRONS DE LA HULPE, PAR M. VAN DER HECHT.
(Croquis de l'artiste.)

là-bas, dans leurs pays, des écoles qui ont pour les représenter à l'étranger un si grand nombre d'artistes éminents.

Hélas! nous craignons fort que là-bas ces écoles ne soient encore rien du tout. Tous ces Scandinaves de nos Expositions habitent Montmartre, ou Munich, ou Dusseldorff. Leur éducation s'est faite à l'étranger, et leur peinture qui nous paraît si scandinave, ne voyez-vous pas que c'est la peinture de M. Gervex, ou de M. Roll, ou de M. Monet, ou de M. Israëls, ou de M. Knaus et des frères Achenbach? Il y a quelques-uns de ces peintres, les jeunes, les nouveaux venus, qui se disent élèves de l'Académie de Stockholm ou de Copenhague; mais soyez assurés qu'ils ont travaillé à l'étranger autant et plus que dans leurs pays : croyez bien que les couleurs de M. Besnard leur dansent dans les yeux et piétinent dans leur cerveau les enseignements de leurs professeurs scandinaves, lesquels d'ailleurs sont eux-mêmes des élèves d'ateliers parisiens. Après cela rien n'empêcherait les Suédois de fonder une école suédoise sur la butte Montmartre, comme Overbeck et ses compagnons avaient fondé une école allemande sur le mont Pincio.

Mais nous n'en sommes pas là encore, voilà ce qui est certain. Les jeunes peintres scandinaves qui exposent à nos Salons ne sont encore que des imitateurs des peintres français ou allemands, et les conclusions que nous pourrons formuler sur la peinture scandinave se réduisent à peu de chose.

Nous pouvons affirmer pourtant que cette peinture est en général fort agréable. Elle nous plaît surtout par la nouveauté de ses sujets, les paysages des contrées du Nord nous étant aussi inconnus que les mœurs et les costumes de ces froides régions. Il est incontestable aussi que, à voyager comme ils font de Stockholm à Paris, en traversant toute sorte de pays, ces jeunes gens acquièrent une expérience et une liberté d'esprit qui leur rend facile de nous étonner. Ils connaissent ce que l'on fait en Allemagne, en Hollande, en Angleterre ; pour peu que de ce qu'ils ont vu ils aient retenu quelque chose, c'est tout de suite un élément curieux d'exotisme qu'ils mêlent à notre peinture.

Mais sous tous ces avantages extérieurs, il faut avouer que les peintres scandinaves possèdent de très réelles qualités de vision et de facture. Leur observation n'est point chaude et pénétrante comme celle des Flamands ; mais elle est très robuste, avec une tendance à la simplification. Ils ont la main plus sûre que nos peintres ; leur dessin n'est pas plus correct, ni plus élégant, mais il a quelque chose de plus sincère, qui provient sans doute de leur manque de scrupules artistiques. Et l'extrême souplesse de leur talent leur permet de s'assimiler tous les procédés à la mode chez nous, en même temps qu'ils savent prendre aux peintres hollandais et allemands l'art de combiner l'émotion avec le réalisme.

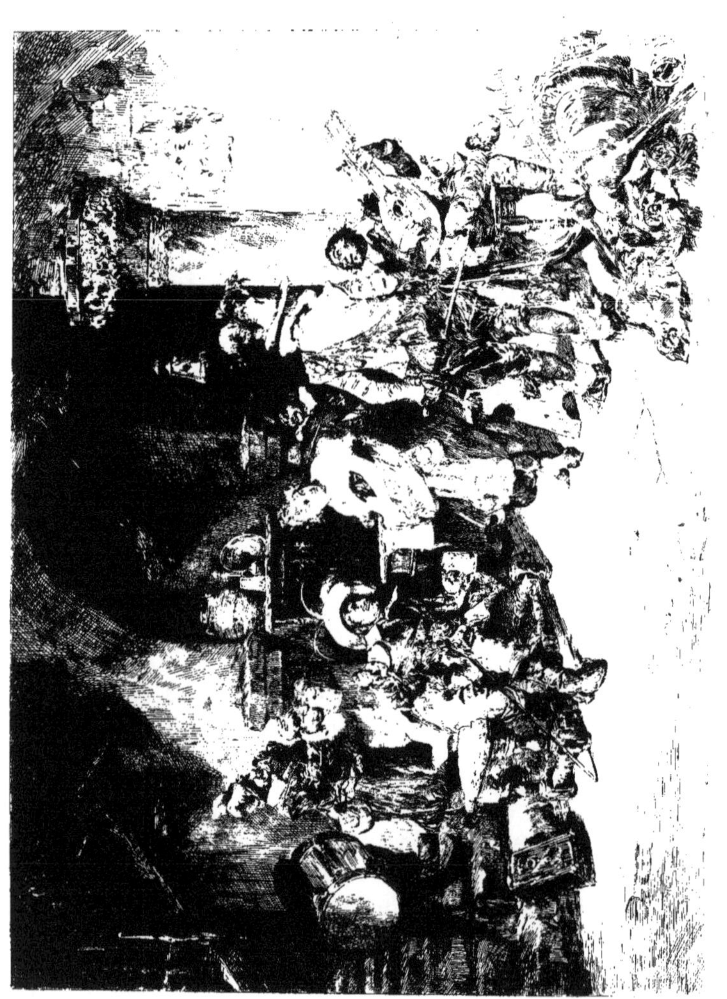

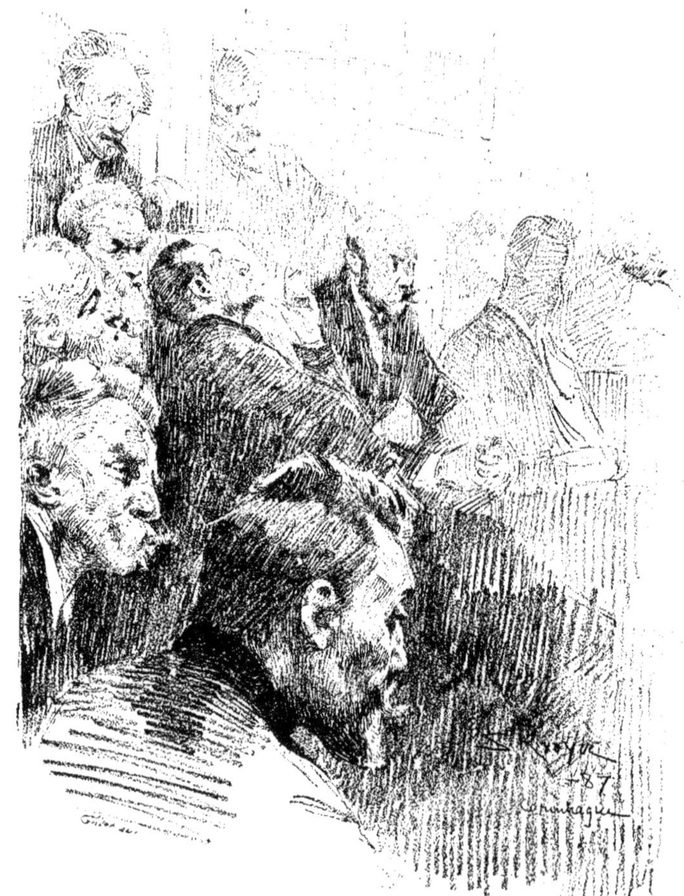

Fragment d'« Une soirée musicale », par M. S. Kroyer.
(Étude au crayon de l'artiste.)

Malheureusement, il semble que les personnalités très distinctes soient rares parmi eux. Tous les ans il nous arrive à Paris un nouveau Scandinave qui nous paraît le plus fort de son pays. L'année suivante un autre se révèle, nous oublions le précédent, et au fond c'est toujours le même. Les peintres scandinaves nous font l'effet d'être d'excellents ouvriers plutôt que de réels artistes. Dieu nous garde de leur en faire un reproche : les bons ouvriers sont toujours les bien-

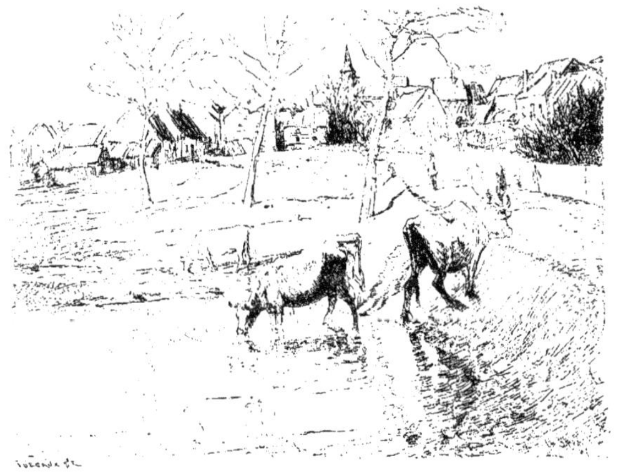

SOLEIL DE MARS A LÉPAUD (CREUSE), PAR M. SKRESDVIG.
(Croquis de l'artiste.)

venus dans l'art, et plus que jamais aujourd'hui, où les méthodes durent si peu que personne n'a le temps de les bien connaître.

Mais nous ne pouvons nous arrêter loguement sur l'énumération des peintres des pays du Nord et de leurs ouvrages. Il faut attendre que les jeunes gens aient vieilli, qu'ils aient adopté une manière bien à eux, et qu'un mouvement artistique sérieux se soit dessiné dans leurs patries.

Voici cependant quelques noms. Parmi les Danois M. Johansen, qui peint de jolis intérieurs pleins d'air et de lumière; M. Kroyer, qu imite tour à tour M. Menzel, M. Liebermann et Joseph de Nittis, avec une vigueur de main un peu lourde, mais franche et savante; l'excellent paysagiste Paulsen, les animaliers Lund et Mols. Parmi les Suédois M. Alfred Wahlberg, un des premiers représentants de l'art scandinave à Paris, coloriste un peu maniéré, MM. Hugo Salmson et Auguste Hagborg, peintres de mœurs rustiques et maritimes qui habitent la France depuis vingt ans; le peintre de genre historique

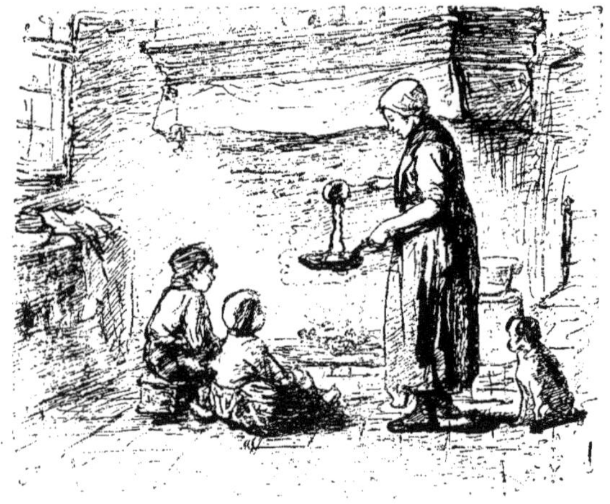

La Fête de Jeanne, par M. Israels.
(D'après de l'artiste.)

Cederstrom, qui est un Suédois de Munich; enfin deux nouveaux venus, M. Bergh et M. Zorn, qui traitent tous les genres en faveur avec une effrayante dextérité.

Les Suédois et les Danois étudient de préférence à Paris, les Norvégiens pour la plupart vont se former à l'Académie de Munich. Pourtant la règle a bien des exceptions. Le Norvégien Skresdwig, qui avait débuté au Salon par de très singuliers paysages lumineux et mélancoliques, le Norvégien Thaulow, qui a excité naguère un enthousiasme si exagéré avec ses *Effets de neige* hâtivement brossés, ces deux peintres doivent davantage aux artistes français qu'à leurs confrères allemands. Mais la plupart des autres Norvégiens de talent, M. Heyerdahl, M. Munthe, M. Otto Sinding, M. Gude de Dusseldorff et ses élèves, ceux-là mettent à leurs œuvres le cachet des méthodes allemandes. Ils imitent M. Max, ou M. Liebermann, ou M. Defregger avec la même virtuosité brillante et variée qu'emploient leurs confrères de Suède à imiter nos semi-impressionnistes du Salon du Champ-de-Mars. Il se peut que dans vingt ans nous voyions une école scandinave. Les pays du Nord ont produit déjà une foule de peintres fort habiles ; il ne leur reste plus maintenant qu'à produire des artistes.

Il se peut également que la Russie possède dans vingt ans une école de peinture originale : mais rien, jusqu'à présent, ne nous permet de l'augurer. Les peintres russes, à vrai dire, n'ont point pour Montmartre le culte de leurs confrères scandinaves, et c'est à peine si, de loin en loin, quelques-uns d'entre eux nous envoient des spécimens de leur manière. Ces spécimens sont la plupart assez médiocres; ni la section russe de l'Exposition de 1878, ni celle de l'Exposition de 1889 ne contenaient des pièces vraiment remarquables. Le malheur est que, au dire des voyageurs, la peinture que les Russes gardent chez eux ne vaut guère mieux que celle qu'ils exportent. Et si c'est un malheur, du moins il ne nous surprend pas; il nous suffit de connaître le caractère russe pour deviner que la peinture ne doit pas occuper une grande place dans le développement artistique de cette race rêveuse et dédaigneuse du monde extérieur. L'âme russe est un merveilleux foyer de musique et de poésie : aucune âme ne l'égale pour la variété, la mobilité et la finesse des sentiments; mais il ne faut pas lui demander de voir avec précision la couleur et la forme des objets qui l'entourent. Il y a trente ans que la Russie promet au monde un grand peintre : elle nous donne de

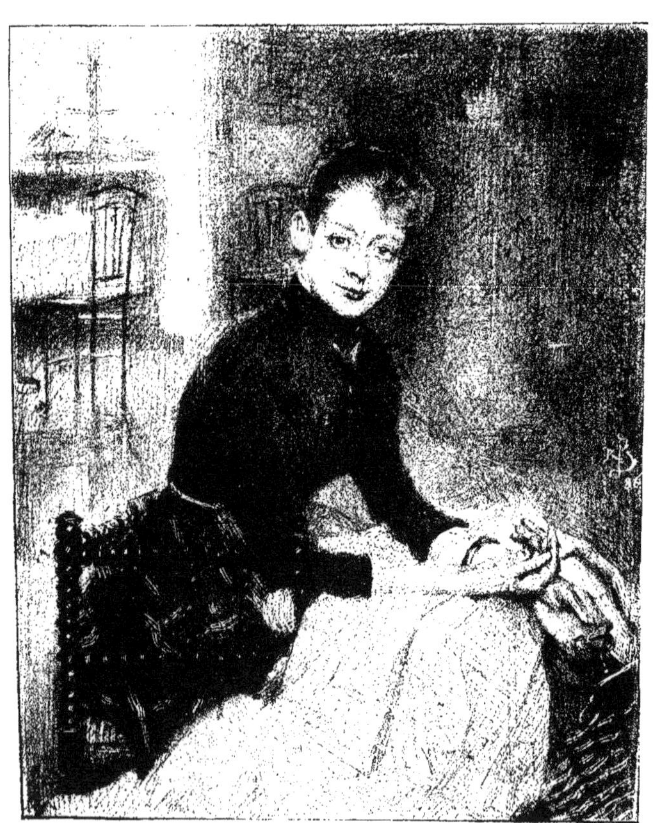

« Ma Femme », par M. Bergh.
(*Dessin de l'artiste.*)

grands romanciers et de grands musiciens; mais ses peintres restent de médiocres imitateurs des Polonais ou des Allemands.

L'histoire de la peinture russe est cependant si peu connue que l'on nous saura gré d'en dire quelques mots.

Le premier en date des peintres russes est Ivan Lossenko, que Catherine II chargea de décorer ses palais, et qui fut longtemps directeur de l'Académie de Saint-Pétersbourg. Sa *Pêche miraculeuse* du Musée de l'Ermitage et les tableaux historiques de son élève Ugrumoff ont la prétention d'imiter Raphaël : ce ne sont que d'énormes machines prétentieuses et vides.

Plus intéressante est la génération qui suivit : Charles Bruloff (1800-1852), auteur du *Dernier jour de Pompeï*, Théodore Brun, Timothée Neff rapportent de Rome le goût du style classique et y mêlent assez heureusement des tendances romantiques plus ou moins empruntées à l'Allemagne. Après eux, MM. Flawitsky, Ivanoff et Gay essaient de créer un style national en introduisant dans leurs compositions des types russes au lieu des types italiens qui avaient servi à leurs prédécesseurs. Mais leur manière reste assez peu originale, et c'est toujours de Rome plutôt que de Russie que leur vient leur conception esthétique. Le genre historique continue à être à peu près seul en honneur. Les peintres de batailles Bogoluboff et Kotzebue traitent l'histoire contemporaine à la façon des maîtres de Munich et de Dusseldorff.

De nos jours, le peintre le plus fameux en Russie est le Polonais M. Siemerardski, qui a fait son éducation à Rome, et dont les grands tableaux, les *Torches vivantes de Néron*, *Phryné devant l'Aréopage*, *Chopin mourant*, avec leur accumulation de couleurs déplaisantes et heurtées, donnent l'idée d'un Piloty dénué de tout talent. Son rival, M. Makofsky, transporte dans des sujets plus réalistes la même inexpérience technique et le même défaut d'observation personnelle. M. Vereschagine est un paysagiste assez habile et un bon peintre de mœurs exotiques; mais ses tableaux religieux n'ont d'intérêt que par les tendances antichrétiennes qu'ils sont chargés d'exprimer.

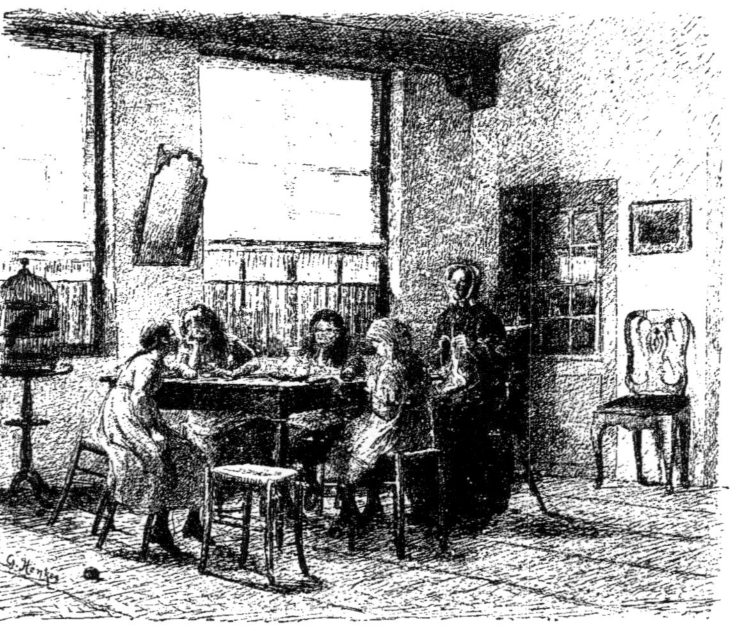

La Leçon de tricot, par M. Henkes.
(Dessin de l'artiste.)

L'Arménien Kramskoï et le Finlandais Lindsholm sont les seuls artistes originaux qu'ait produits l'Empire Russe : tous deux ont fait preuve d'un profond sentiment de la nature et de belles qualités d'exécution.

Enfin le Musée du Luxembourg possède plusieurs ouvrages d'une jeune fille russe qui a été élève de Bastien-Lepage et que sa mort prématurée a rendue presque célèbre chez nous, Mlle Marie Baschkirtseff ; mais l'exemple de cette jeune fille prouve encore combien il est plus facile aux Russes d'écrire de curieux mémoires que de peindre de bons tableaux. Ce n'est pas de Russie que nous viendra, si elle doit venir, la rénovation de l'art contemporain.

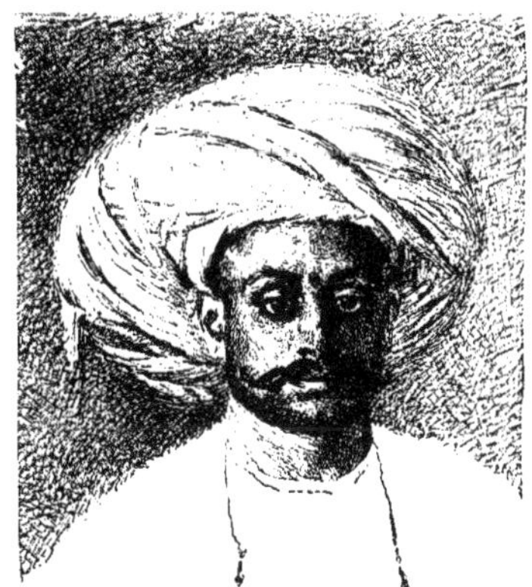

Mahratte, dessin de M. Vereschagine.

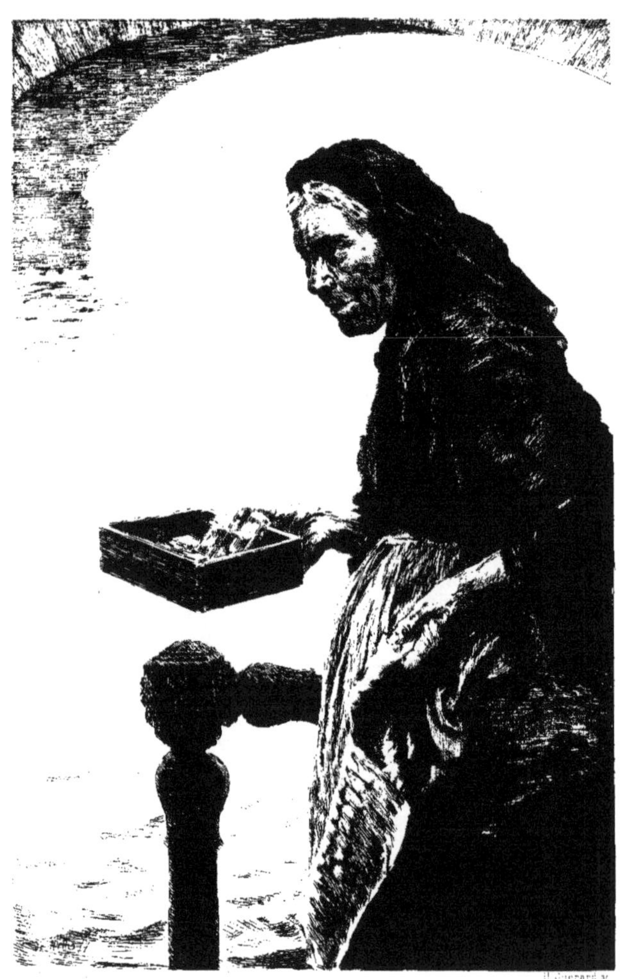

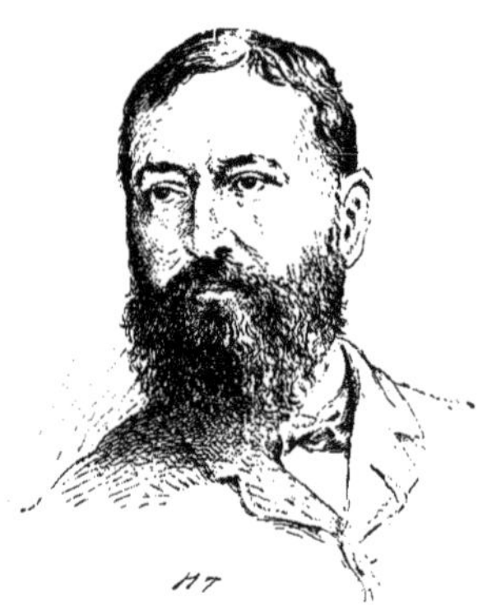

PORTRAIT DE J. DE NITTIS.

Nous avons jusqu'à présent rencontré sur notre route un grand nombre de peintres intéressants; mais, à l'exception de M. Menzel, nous n'avons encore trouvé aucun *maître*, aucun de ces hommes dont les œuvres ont une valeur absolue, indépendamment de l'époque où elles se rattachent, et des tendances qu'elles révèlent. Voici enfin l'un de ces hommes. Et bien que, de par les dates, il appartienne au XVIIIe siècle plus qu'au nôtre, nous n'avons aucun scrupule à nous l'approprier ici : car son génie est tout moderne, infiniment plus proche de nous que le talent de la majorité des artistes contemporains.

Il s'appelait Francisco José Goya y Lucientes. Il est né le 30 mars 1846 à Fuendetodos, dans l'Aragon, d'une famille de paysans. On ignore quel fut son premier maître; son frère Thomas, disent les uns, d'autres disent un moine d'un couvent du voisinage. Toujours est-il qu'à treize ans l'enfant orna d'une fresque et d'un tableau à l'huile l'église de sa paroisse. A quatorze ans, ses parents l'envoyèrent à Saragosse, où il suivit les leçons d'un peintre alors fameux, Lujan Martinez. Cinq ans plus tard il se rendit à Madrid, mais il n'y resta que quelques mois et entreprit bientôt, à ses frais, le voyage d'Italie.

On a conté toute sorte de légendes sur les aventures amoureuses, les escalades et les duels du jeune Goya. Il est sûr en tout cas que son long séjour en Italie ne fut pas inutile à son éducation artistique. Les

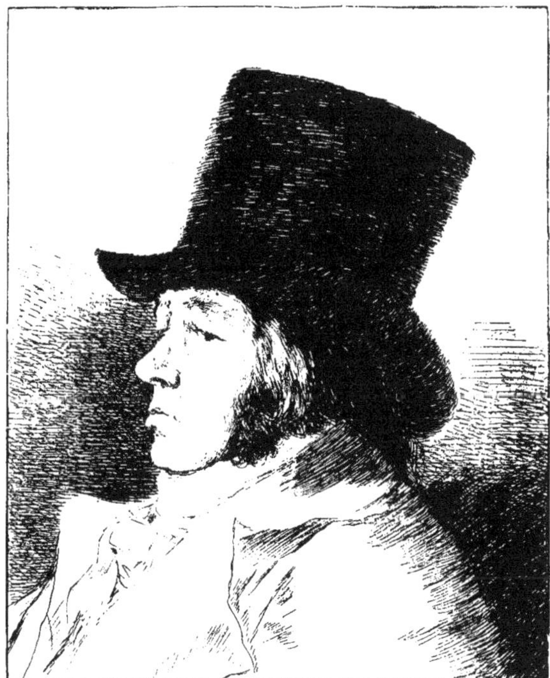

PORTRAIT DE GOYA, PAR LUI-MÊME, PUBLIÉ EN TÊTE DES CAPRICES.

œuvres des maîtres durent exercer sur lui une influence très vive, car personne ne les a plus profondément connus, et, au besoin, imités. La sûreté et la mémoire de ses yeux étaient prodigieuses : jamais il ne s'exerça à copier ou à prendre des croquis, dans les musées qu'il visi-

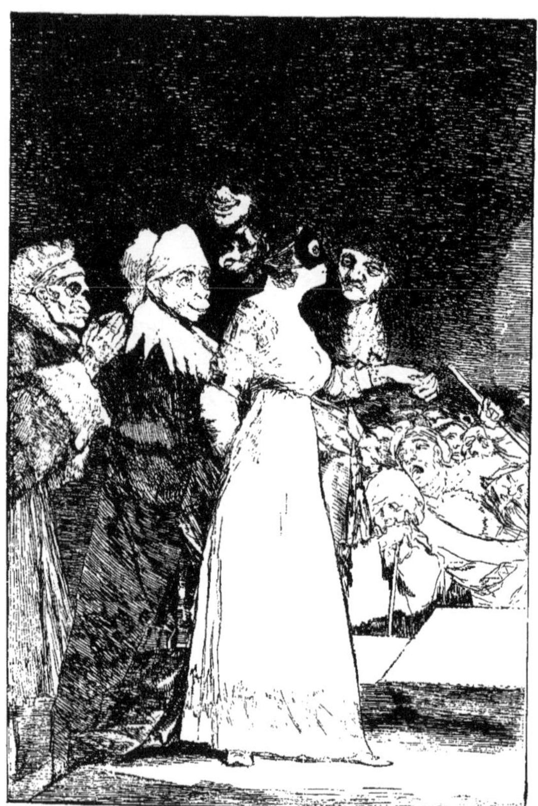

« Elles prononcent le oui et donnent leur main au premier qui se présente. »

(Fac-similé d'une eau-forte de Goya tirée des Caprices.)

tait; il restait longtemps devant les peintures, les interrogeait, obtenait de chacune quelques renseignements précieux.

Il se lia d'amitié, à Rome, avec notre grand David. Celui-là aussi fut un de ses maîtres: la manière sobre et pénétrante de traiter le portrait, l'art de faire produire aux poses en apparence les plus simples un saisissant effet d'expression, ces qualités que n'ont point su prendre à David ses meilleurs imitateurs français, Goya les lui a prises. Ses portraits n'ont point la vie profonde, surnaturelle, de ceux de Vélasquez; il ne s'ajoute point lui-même, comme son compatriote du XVIIe siècle, à tous les modèles qu'il peint. Mais les modèles y revivent d'une vie pour ainsi dire familière, dans l'intimité de leurs attitudes et de leur caractère. Cherchez à travers tout le Louvre à quel art se rattache le beau portrait de Guillemardet : vous ne trouverez que David pour avoir cette franchise et cette élégance discrète.

En 1772, Goya prit part à un concours organisé par l'Académie des Beaux-Arts de Parme. Il obtint le second prix avec un *Annibal* dont les allures singulières paraissent avoir un peu ébahi les académiciens chargés de le juger. Deux ans après, en 1774, nous voyons le jeune homme de retour à Madrid. Il épouse la sœur d'un de ses condisciples, Josefa Bayen, est présenté par son beau-frère au tout-puissant Rafaël Mengs, surintendant des Beaux-Arts à la Cour d'Espagne, et obtient de lui la commande d'une série de cartons pour la manufacture royale de tapisseries.

Pendant seize ans, Goya consacra une grande partie de son temps à peindre ces cartons, dont la collection est gardée aujourd'hui au Palais de Madrid. Il prit pour sujets des scènes de la vie espagnole, traitées il est vrai à la façon dont les mœurs galantes parisiennes étaient traitées par Watteau, Lancret et Boucher. Le *Déjeuner sur l'herbe*, la *Danse au bord du Mançanarès*, la *Boutique de faïence*, le *Jeu de Paume*, la *Balançoire*, les *Lavandières*, tels sont les titres de quelques-unes de ses compositions, où se montrent déjà la verve, la grâce sensuelle et le merveilleux talent d'improvisation de Goya.

Le succès de ces premiers cartons détermina le peintre à traiter les

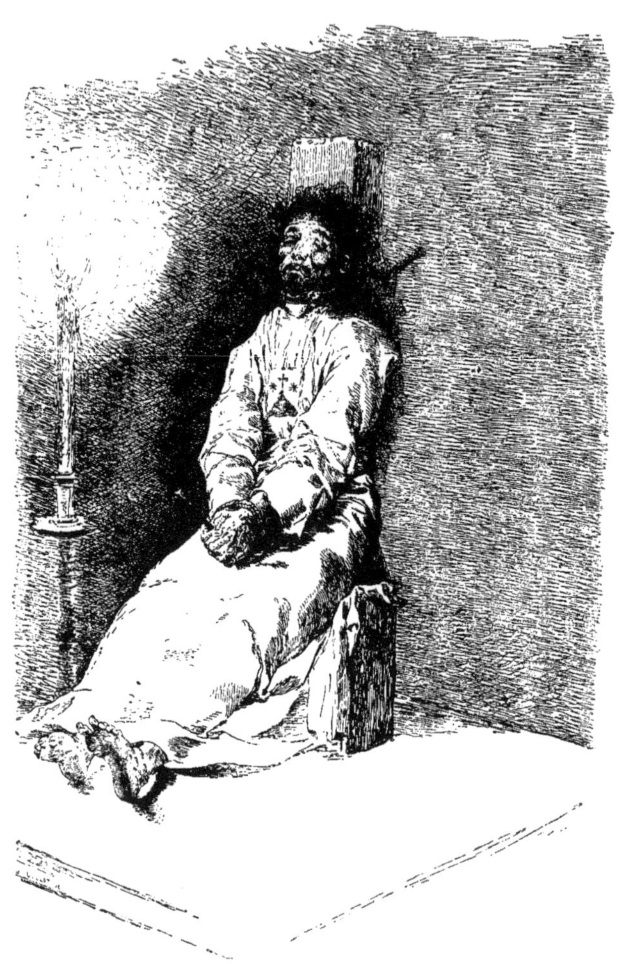

HOMME GARROTTÉ.

(*Fac-similé d'une eau-forte de Goya.*)

mêmes sujets dans de véritables tableaux. De cette époque datent ses *Courses de taureaux*, *Attaques de diligences*, *Processions*, etc., toutes œuvres d'un faire léger et vif, peintes avec une variété de ton parfois trop exubérante. Le souvenir de ces tableaux de jeunesse de Goya a dû tenter le cerveau de Manet; leur trace persiste à travers les manières successives de l'auteur d'*Olympia*, et il n'est pas une de ces manières, ni la plus claire, ni la plus sombre, qui ne rencontre son prototype dans quelqu'une des improvisations du maître espagnol.

En 1780, Goya, qui avait vainement sollicité la place de peintre de la chambre du roi, fut nommé membre de l'Académie de San Fernando. Sa réputation était déjà considérable; elle devint énorme en 1781, lorsqu'il fit voir au public les fresques qu'il avait peintes dans l'église Notre-Dame del Pilar de Saragosse. Il y a loin pourtant du charme exquis de ses cartons et de ses petits tableaux à la fausse grandeur de ces peintures religieuses, où l'on peut louer tout au plus l'habileté de la facture et l'heureux effet décoratif. Goya n'a jamais été un bon peintre de sujets religieux. Ses fresques de saint François le Grand, de Madrid, qui ont longtemps passé pour un chef-d'œuvre, nous offusquent aujourd'hui par le contraste de la hauteur des prétentions et de la banalité des moyens employés. C'est beaucoup plus tard seulement, en 1798, qu'il est parvenu à produire dans le genre religieux une œuvre intéressante : encore sa décoration de l'église Saint-Antoine des Florides n'est-elle qu'un agrandissement des sujets tout profanes où il excellait. Le *Saint Antoine ressuscitant un cadavre* est une composition réaliste, où des manolas, des hommes du peuple et des enfants se comportent avec une fantaisie un peu grossière, et les figures d'anges qui soulèvent les draperies, d'ailleurs la création la plus parfaite de Goya, ont plutôt l'air de jeunes élégantes madrilènes que de personnages surnaturels.

En 1786, Goya obtint enfin la place tant attendue de peintre du roi. Sa vogue était telle que, malgré la plus effrayante facilité de travail, à peine il fut en état de suffire aux commandes de portraits dont on l'accablait. Ces portraits, avec ses fresques de saint Antoine

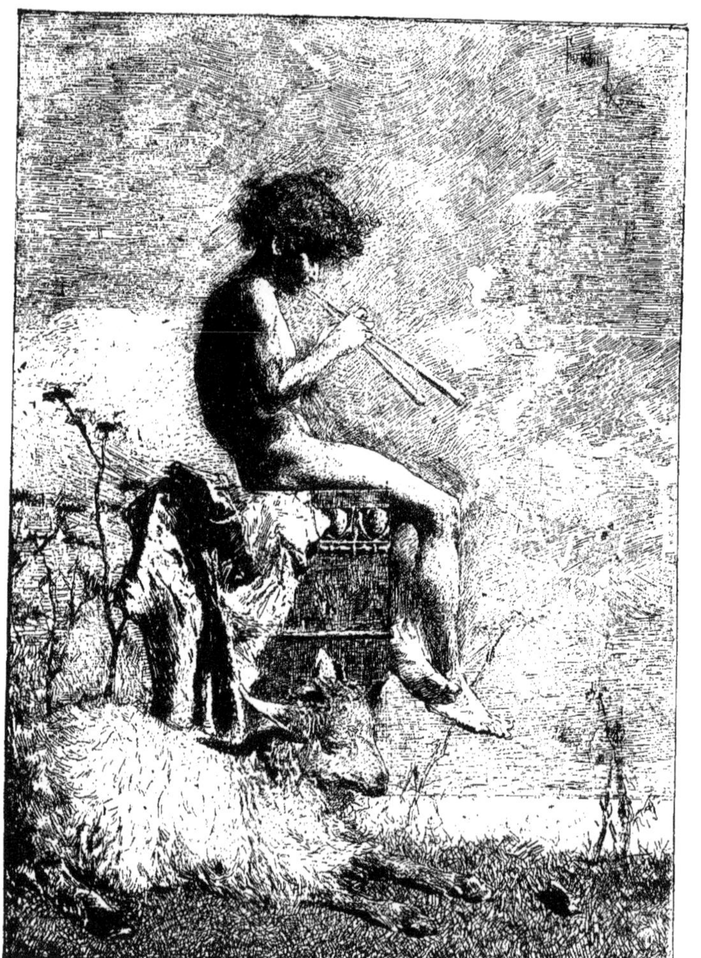

IDYLLE.

Fac-similé d'une eau-forte de Fortuny.

et la célèbre série de ses *Caprices* à l'eau-forte, forment le plus clair de son œuvre jusqu'aux dernières années du XVIIIe siècle.

En 1799, il fut nommé premier peintre du roi. Il menait une existence fastueuse et assez oisive, prenant part à toutes les fêtes de la Cour, recherché de toute l'aristocratie pour les rares qualités de sa conversation. Mais bientôt il lui fallut changer ses habitudes de vie. Sa surdité lui défendit de continuer son rôle de causeur mondain; et les événements politiques l'obligèrent à quitter Madrid. Il se retira dans sa maison de campagne, s'y livra tout au travail. Déjà ses dernières peintures, notamment la *Trahison de Judas*, de la cathédrale de Tolède, annonçaient un changement dans sa manière, qui peu à peu s'assombrissait, abandonnait les contrastes de la couleur pour les contrastes plus saisissants de la lumière et de l'ombre. Le goût croissant du clair-obscur chez un peintre jusque-là coloriste à la façon de Tiépolo, est-il venu à Goya du commerce de Rembrandt? On peut affirmer en tout cas qu'il a beaucoup pratiqué le maître hollandais dans ses années de vieillesse, et qu'il s'est inspiré de lui dans ses dernières eaux-fortes, la mémorable série des *Malheurs de la guerre*.

Ces eaux-fortes l'occupèrent tout entier de 1803 à 1814. Lorsque Ferdinand VII revint en Espagne, le peintre, craignant sans doute l'humeur soupçonneuse et changeante du souverain, obtint un congé et se retira à Bordeaux. C'est à Bordeaux qu'il est mort, en 1828, après avoir travaillé jusqu'aux derniers jours. Plusieurs de ses portraits et de ses lithographies, les *Courses de taureaux*, qui excitèrent l'enthousiasme d'Eugène Delacroix, datent des années qui précédèrent sa mort.

Goya était incontestablement un peintre de génie. Il a connu et imité un peu tout le monde : Vélasquez, Titien, Ribera, Corrège, Tiépolo, Rubens, Rembrandt et David ; mais dans tout ce qu'il a fait il a mis une marque originale. Sous les plus étonnantes qualités d'assimilation, son âme d'artiste demeure l'une des plus personnelles et des plus singulières qu'il y ait eu jamais. Un sentiment très élevé

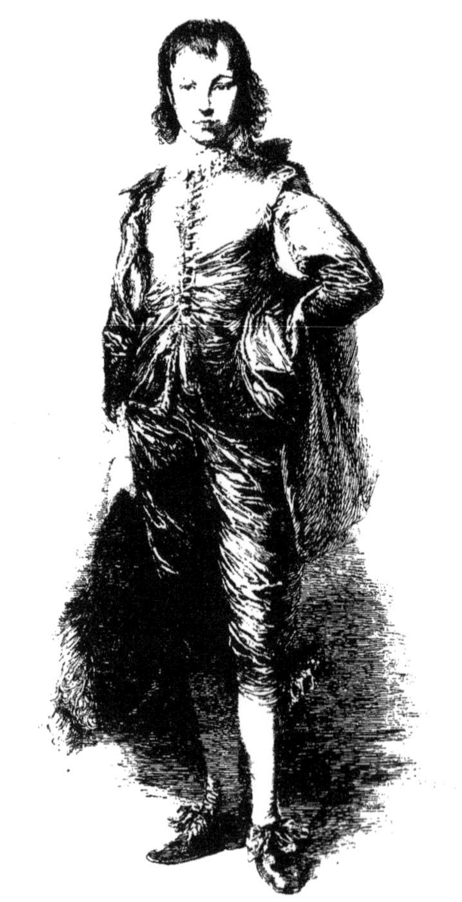

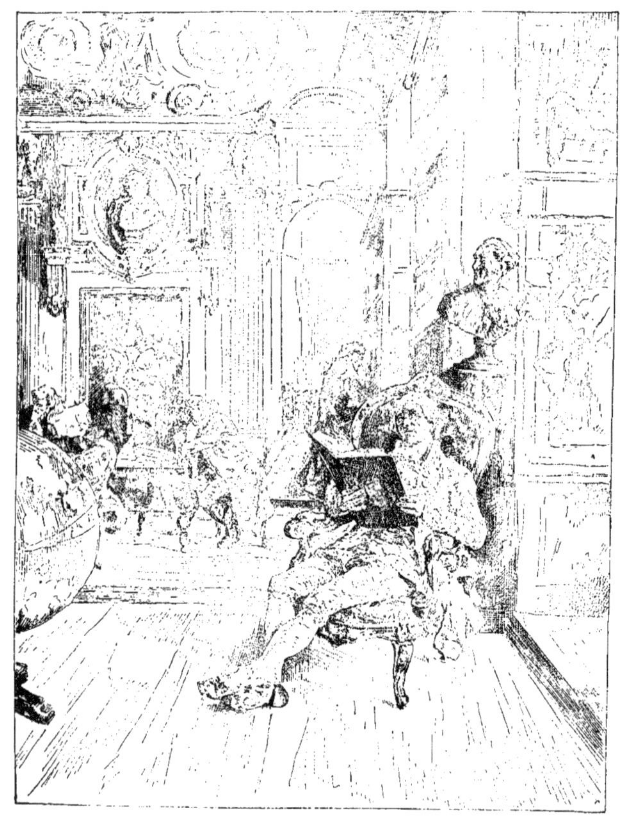

Un bibliophile.
(*Tableau de Fortuny.*)

de la beauté formelle, une sûreté de vision infaillible, une conception charmante de la couleur et de la lumière, toutes les vertus qui font les grands peintres, il les possède à un haut degré. Il sait créer un art où l'humour ne nuit pas à la vie, où l'idée et la forme s'unissent comme d'un lien nécessaire. Il est tantôt tragique et passionné, tantôt léger comme nos petits maîtres français, tantôt mordant et sarcastique comme les caricaturistes anglais. Et toujours ses sentiments séduisent par quelque chose de maladif, de bizarre, qui ne lui vient de personne et achève de faire de Goya un homme de notre temps.

Et cependant ni ses peintures religieuses, ni ses petites peintures de genre, ni même ses célèbres eaux-fortes ne donnent l'impression d'œuvres magistrales, destinées à ne point périr. Au premier abord, elles émeuvent plus intensément que les chefs-d'œuvre des maîtres, mais bientôt une certaine lassitude succède à l'admiration, et l'on s'aperçoit que cette admiration était faite en partie de surprise. Cela tient, sans nul doute, au caractère de bizarrerie du génie de Goya : tout art où domine l'excentricité est vite condamné à ne plus émouvoir. Mais il est sûr aussi que, en outre de l'imprévu et de l'étrangeté de ses idées, il y avait chez Goya une foule de qualités plus sérieuses; le malheur est seulement qu'il n'a jamais su s'en servir, ni tirer le parti qu'il aurait pu tirer de sa puissante personnalité. Il a toujours trop compté sur son talent d'improvisation. La préoccupation exclusive de l'effet, aussi, lui a été funeste. Ses effets ne durent pas, parce qu'il a négligé de contrôler les moyens qu'il y employait. La faute en est d'ailleurs aux inconstances de sa vie, plus qu'à lui-même. Dès sa jeunesse, il n'a eu autour de lui personne pour lui apprendre le prix de la mesure, la nécessité du travail patient et sévère, et de la défiance de soi-même. Il s'est toujours trouvé seul sur sa route, livré à lui-même, entraîné dans une course irréfléchie par les enthousiastes clameurs de la foule. Au lieu de régler ou de développer à loisir ses dons naturels, il s'est toujours hâté fiévreusement de les faire valoir. Au lieu d'approfondir les diverses manières des maîtres qu'il admirait, il les poussait d'emblée

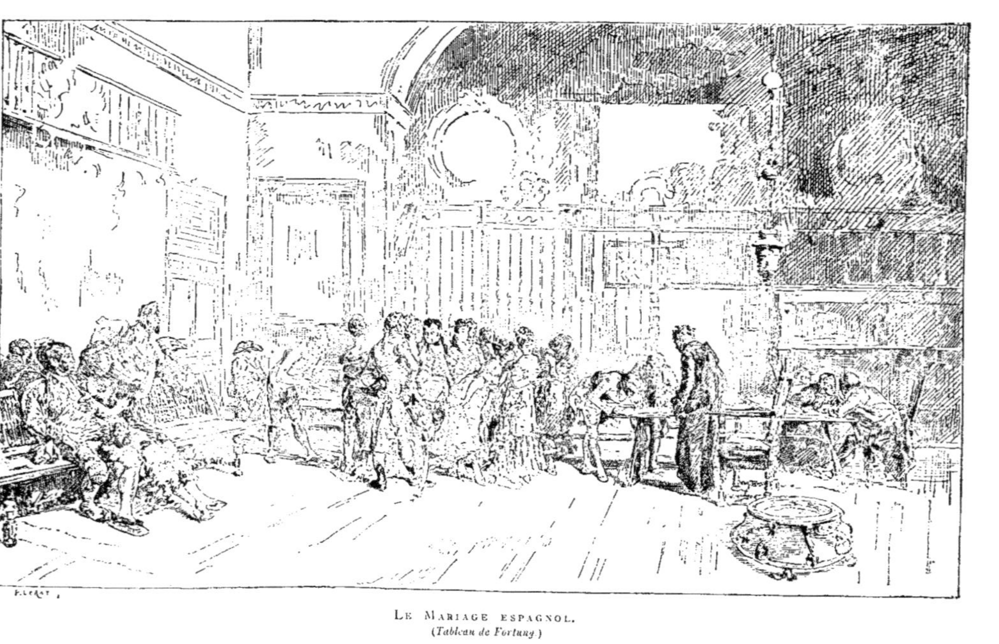

Le Mariage espagnol.
(*Tableau de Fortuny.*)

aux dernières limites, si bien que lui-même ne tardait pas à s'en fatiguer. Ainsi ce merveilleux génie n'a laissé qu'une œuvre

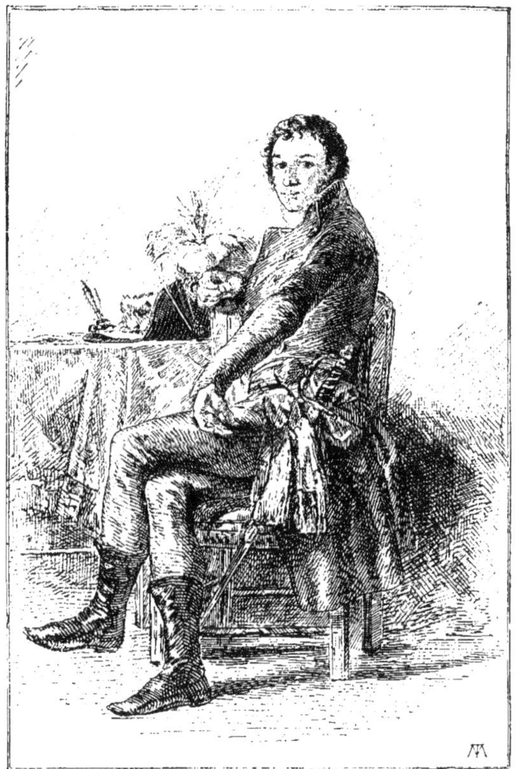

PORTRAIT DE FERDINAND GUILLEMARDET.
(D'après le tableau de Goya, au Musée du Louvre.)

incomplète et périssable, séparée par un abîme éternel de l'œuvre des maîtres. Ni son habileté technique de peintre et d'aquafortiste, ni la variété et la vigueur de son observation, ni la verve pénétrante de son sarcasme, n'ont suffi pour donner à ce qu'il a produit un

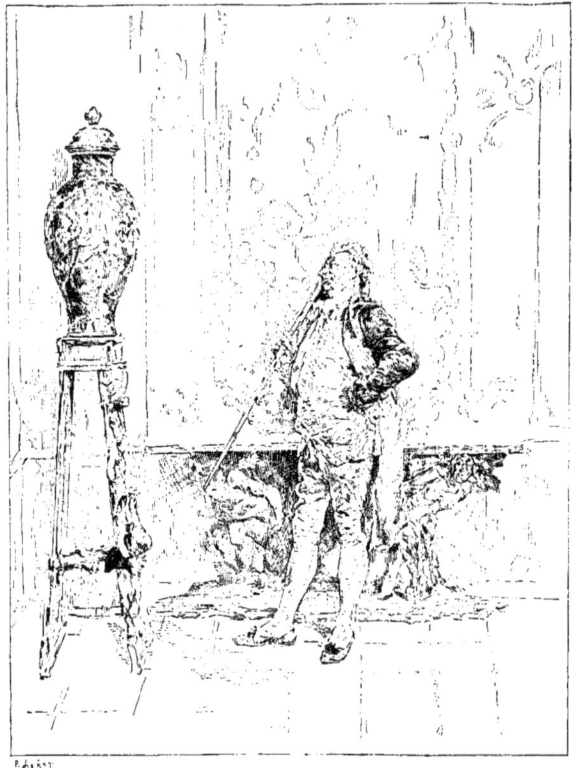

L'Antiquaire, d'après Fortuny.

caractère parfait et définitif. Ses fresques, ses tableaux de genre et ses eaux-fortes ne vivront que par ce qu'elles nous attesteront de lui-même, par l'âme d'artiste que nous saurons y découvrir. Leur importance historique, ou plus justement psychologique, dépassera sans cesse davantage leur objective valeur artistique.

Mais le génie de Goya ne s'est manifesté pleinement que dans ses portraits. Autant le reste de son œuvre est bizarre, tourmenté, inégal, autant il a mis dans ses portraits la retenue et la santé qui font les chefs-d'œuvre. Ce n'est pas que l'on n'y retrouve la variété et l'originalité des *Caprices* ou des *Courses de Taureaux;* sous l'élégante discrétion du dessin et de la couleur, les portraits de *Don Luis* et du *Général Urrutia*, du Musée de Madrid, le *Guillemardet* du Louvre, la *Fille de Goya*, le célèbre *Jeune homme en gris*, gardent toutes les qualités personnelles qui caractérisent toutes les œuvres du maître espagnol. Mais ces qualités y sont réglées, pondérées, débarrassées du vain désir d'étonner le spectateur, tout employés comme il convient à reproduire la vie du modèle. Est-ce du souvenir de David, est-ce du contact des chefs-d'œuvre de Vélasquez qu'est venue ainsi à Goya la force de se modérer, pour ne donner de lui-même que ce qui valait d'être donné? Il est sûr du moins que ni David, ni Vélasquez lui-même ne dédaigneraient d'avoir peint quelques-uns des portraits de Goya.

De Goya à Fortuny, il n'y a pas seulement la distance d'un siècle, il y a la distance plus grande qui sépare un artiste inspiré d'un très habile ouvrier. Car Fortuny n'a été rien de plus qu'un ouvrier : il ne faut chercher dans son œuvre ni une vision personnelle, ni le reflet d'une intelligence supérieure, ni même une manière bien nouvelle. Mais ses petits tableaux de genre, sa *Fantasia arabe*, son *Mariage espagnol*, ses *Charmeurs de serpents*, sa *Leçon d'escrime* sont peints dans des notes de couleur gaies et brillantes qui ne manquent pas d'agrément; ce sont d'aimables compositions pomponnées et léchées à plaisir, moins savantes à coup sûr et moins solides que celles de M. Meissonier, en revanche souvent plus variées et plus pittoresques.

Fortuny est né à Reus, près de Barcelonne, en 1838. Après de très sérieuses études faites d'abord à l'Académie de Barcelone, puis à Reus, il abandonna le genre classique, où il n'a peint d'ailleurs que de

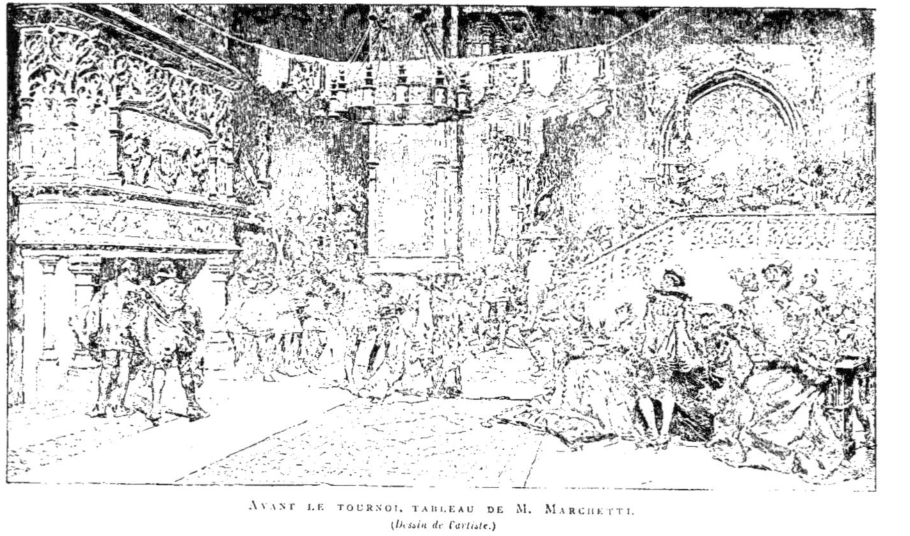

AVANT LE TOURNOI, TABLEAU DE M. MARCHETTI.
(*Dessin de l'artiste.*)

médiocres machines, pour se lancer dans le genre des petits sujets soi-disant populaires. En 1859, il suivit au Maroc le corps expéditionnaire envoyé par la reine Isabelle ; il trouva en Orient de quoi satisfaire son goût naturel des couleurs voyantes et des papillotements d'étoffes bariolées. Revenu à Reus, en 1860, il peignit un grand nombre de tableaux à sujets orientaux ; et sa réputation lui valut, deux ans plus tard, la commande d'une grande peinture commémorative de la bataille de Tétouan, peinture que d'ailleurs il paraît n'avoir jamais trouvé le loisir de terminer.

C'est seulement en 1867 que Fortuny, après un court séjour à Paris, rentra en Espagne ; encore n'y séjourna-t-il que le temps de se marier, et le retrouvons-nous bientôt au Maroc, où il peignit quelques-uns de ses eurs meiiiouvrages.

Un tableau de ses premières années, l'*Amateur d'estampes*, l'avait déjà fait connaître à Paris. Sa renommée se changea en une véritable gloire lorsque, au Salon de 1870, il exposa son *Mariage à la Vicaria*. Malheureusement la guerre franco-allemande vint mettre fin à son triomphe. Il se retira à Grenade, puis revint à Reus, où il mourut en 1875.

L'œuvre de Fortuny, à toutes les époques de sa vie, a été si complètement dépourvue de toute véritable vie artistique qu'il n'est guère intéressant de faire la distinction de ses manières successives. Nous pouvons affirmer pourtant qu'il a eu trois manières : l'un et heurtée et violente, mais où apparaît la préoccupation de l'ensemble, l'autre infiniment plus minutieuse, plus travaillée, mais toute faite au point de vue du morceau ; la troisième enfin hardiment réaliste, franche, naturelle, basée sur une active observation. Le malheur est que cette troisième manière n'a existé que dans l'esprit de Fortuny, qui se déclarait prêt à l'appliquer au moment où il est mort. La première a pour spécimen caractéristique la *Fantasia arabe*. La seconde est celle qui l'a rendu si fameux dans le monde entier : elle va depuis le *Mariage espagnol* jusqu'aux derniers tableaux du peintre, le *Choix du modèle*, le *Jardin des Arcadiens*, le *Tribunal du Caïd*, la *Plage de Portici*.

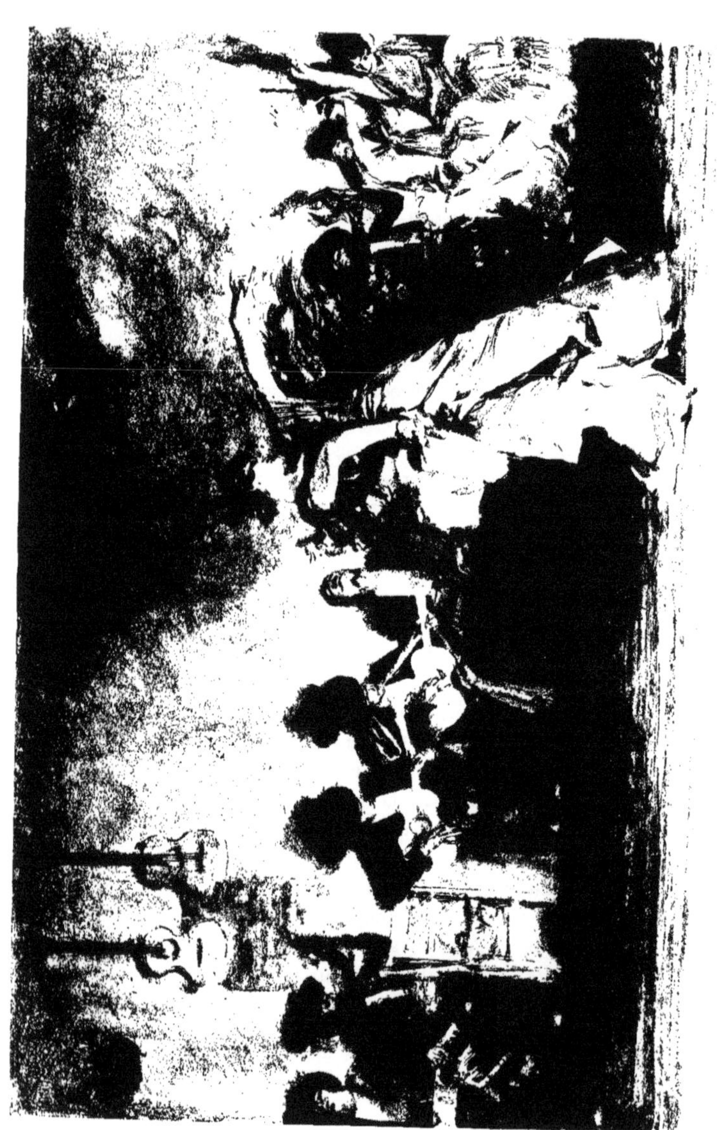

Les eaux-fortes de Fortuny ont toutes les qualités et tous les défauts de sa peinture. Elles sont habiles, gracieuses, souvent très fines, toujours dénuées de la franchise et du naturel qui conviennent aux œuvres d'art.

Fortuny trouva en Espagne, comme en France, un grand nombre d'imitateurs. L'un d'eux, M. Raimond Madrazo, fils de l'éminent directeur du Musée de Madrid, a tenté d'élargir sa manière et de l'accommoder aux nouvelles tendances de l'art contemporain. Sa *Pierrette*, sa *Sortie du bal costumé* sont des morceaux charmants, et ses portraits dénotent une grande habileté de coloriste. D'autres peintres espagnols, au contraire, semblent avoir encore cherché à rendre plus minutieuse et plus affectée la manière de Fortuny : tels MM. Zamacoïs, Rico, Gonzalez, bien connus des visiteurs de nos Salons et de nos expositions.

La peinture historique n'a point cessé d'être en honneur dans la patrie de Ribera, de Zurbaran et de Murillo. Mais elle paraît avoir depuis longtemps cessé d'y produire des chefs-d'œuvre, car les tableaux de Rosalès, de MM. Pradilla, Ramirez et Hidalgo ne dépassent pas le niveau d'une honnête médiocrité.

Parmi les nouveaux venus, il convient de signaler M. Araujo, peintre de genre et graveur d'un talent nerveux et alerte, et un portraitiste, M. de Ochoa, qui essaie de mettre sous les formes aujourd'hui à la mode quelques-unes des précieuses qualités de franchise et de naturel de ses grands compatriotes classiques.

Un art où n'ont leur part ni l'inspiration originale ni une réelle habileté technique, mérite à peine que l'on s'en occupe en passant. Aussi nous excusera-t-on de dire fort peu de chose de la peinture italienne au XIXe siècle. Ni les tableaux d'histoire de Camuccini (1771-1844) et de Mancinelli, ni les tableaux religieux du peintre napolitain Morelli, qui traite la religion comme le fait M. Gabriel Max, mais avec moins de talent, ni les tableaux de genre de MM. Viena, Busi, G. Indino et Calderini, ni même le trop fameux *Baiser* du

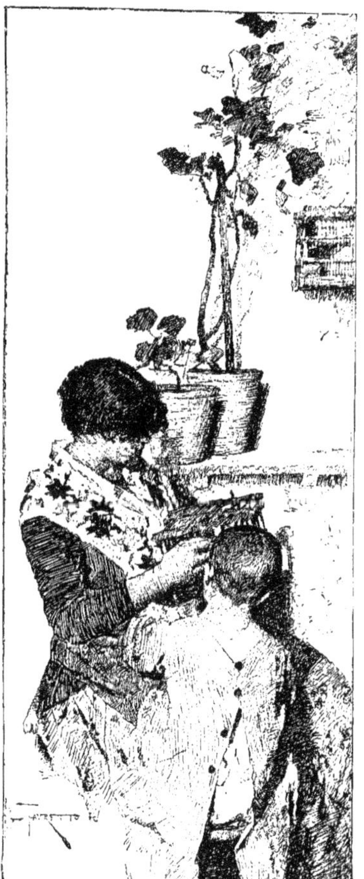

La Cage, par M. G. Favretto.
(Dessin de l'artiste, d'après son tableau.)

trop fameux Hayez, ne peuvent être considérés comme des œuvres d'art. Et aux tableaux italiens que nous rencontrons aujourd'hui dans nos expositions, il ne manque pas seulement l'observation personnelle et la maîtrise technique, il leur manque la prétention à être de la peinture, l'espèce de dignité artistique qui nous fait estimer malgré tout les œuvres des peintres allemands ou hollandais. Nous avons le sentiment que les peintres italiens contemporains sont des ouvriers fort peu soucieux d'esthétique, et bornant leur ambition à fournir aux spectateurs un plaisir sensuel de quelques instants. Leur dessin est à peine correct, leur coloris séduit au premier abord par la vivacité de ses tons, mais ne tarde pas à fatiguer, et nulle trace d'une étude sérieuse, rien qui dénote un effort désintéressé.

Deux peintres italiens qui habitent Paris, et que nos lecteurs connaissent mieux que ne font leurs compatriotes, MM. Pasini et Boldini, sont un frappant témoignage du manque d'initiative des artistes italiens. Ni l'un ni l'autre n'arrivent à se constituer une manière qui leur appartienne en propre. Tous deux, pourtant, sont des praticiens d'une habileté inouïe. Les vues d'Orient de M. Pasini poussent la vivacité du coloris, la fraîcheur et la délicatesse de l'exécution, jusqu'à donner au premier abord l'illusion d'œuvres originales ; il faut les revoir pour découvrir qu'elles sont de merveilleuses imitations de Fortuny et de Fromentin. Mais le cas de M. Boldini est encore plus surprenant. Cet homme extraordinaire exécute tour à tour ses portraits dans les genres les plus opposés, reproduisant tantôt la manière de M. Toulmouche, tantôt celle de M. Besnard ou de M. Helleu, et dans chacun de ses styles il montre une adresse, une ingéniosité, une aisance déconcertantes. Une série de portraits exposés au Salon du Champ-de-Mars de 1890 a achevé de consacrer la réputation de ce prodigieux virtuose. Mais nous avouons garder nos préférences pour des exécutants moins habiles qui se soucient davantage d'observer par eux-mêmes la nature et de nous la montrer telle qu'ils la voient.

Il y avait assurément une forte part de virtuosité dans le talent de Joseph de Nittis, qui savait imiter avec une égale perfection Fortuny, Manet et M. Degas. Mais chez celui-là, du moins, la souplesse de la main s'accompagnait d'un amour sincère de la nature. La *Place des Pyramides* du Luxembourg, le *Pont de Westminster*, le *Déjeuner en plein air* ont beau être peints dans des formes diverses, et des formes dont aucune n'appartient en propre à Nittis ; ce sont des œuvres vraies et vivantes, où se trouvent les mêmes qualités d'impressionnisme élégant, spirituel et un peu mélancolique. M. de Nittis aura été sans contredit le plus grand des peintres italiens du XIXe siècle. En France, où il a vécu, son œuvre égale l'œuvre des meilleurs peintres de genre, la dépasse même par une façon qui lui est propre d'introduire dans le genre le naturel et la vérité.

Joseph de Nittis est né à Barletta en 1846. Son éducation artistique

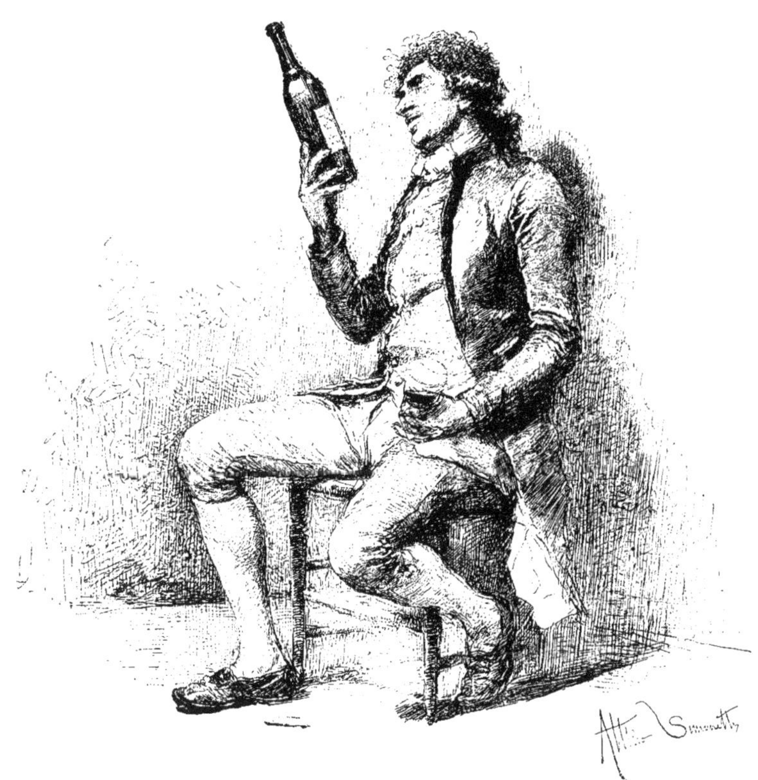

UNE ÉTIQUETTE TROMPEUSE.

(Fac-similé d'un dessin de M. A. Simonetti.)

s'est faite au hasard, dans les musées de Naples et sur les grandes routes de la Campanie. Ses premiers tableaux : une *Vue de Barletta*, une *Vue des Apennins* et une *Vue des environs de Naples*, sont des morceaux d'une habileté d'exécution déjà surprenante, traités dans la manière minutieuse et sèche de Fortuny. En 1868, le jeune homme vint à Paris, imita longtemps encore la manière du petit maître espagnol, dans sa *Visite chez l'Antiquaire*, son *Concert sous Louis XVI* et cette fameuse *Route dans les Pouilles* qui, exposée au Salon de 1872, commença sa réputation parmi nous. Peu à peu cependant sa facture se modifia avec ses sujets, empruntés désormais à la vie de Paris et de Londres. Son dessin se raffermit, sa composition devint plus libre, son coloris plus naturel et moins voyant.

En 1888, sous l'influence sans doute de M. Degas et de Manet, un nouveau changement se fit dans la manière du peintre. Maintenant les effets de plein air et de la lumière étaient notés par lui suivant la méthode des impressionnistes, mais toujours avec quelque chose de plus léger, de plus rapide dans l'exécution et dans la conception, de plus élégant. Les années suivantes, Nittis continua de se rapprocher de Manet. Ses scènes de *Courses*, ses quatre grandes *Études de femmes*, sa *Loge à l'Opéra*, son *New London*, enfin son *Déjeuner en plein air* attestent un désir croissant de forte et complète vérité. La mort vint interrompre ce courageux effort artistique. Elle emporta Joseph de Nittis en 1884, au moment où l'on pouvait espérer qu'il allait enfin donner une forme originale à sa fine et délicate vision. Il n'importe, son œuvre, telle qu'elle nous reste, nous permet d'apprécier la noblesse de ses aspirations, et c'est, de plus, une œuvre charmante, variée, légère, toujours accommodée pour le plaisir des yeux. Comme l'œuvre de M. Alfred Stevens et avec une portée plus haute, elle est le meilleur produit, dans notre siècle, d'un art essentiellement parisien.

LES PEINTRES ANGLAIS

I. — LES PORTRAITISTES ET LES PEINTRES DE GENRE

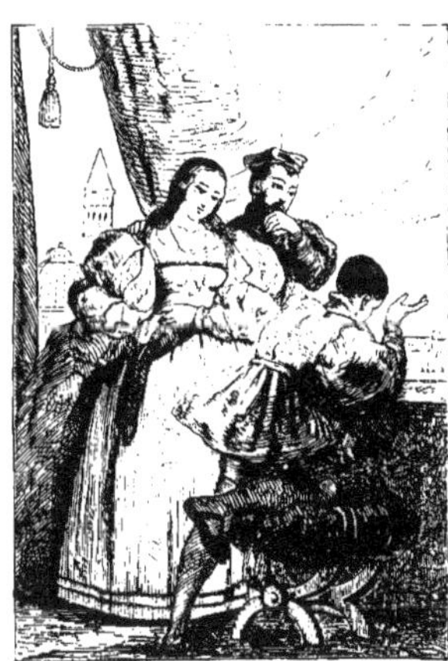

SCÈNE VÉNITIENNE, PAR BONNINGTON.

Au commencement du XIXe siècle, l'Angleterre avait perdu les deux grands portraitistes qui avaient si fortement contribué à lui donner une place éminente dans l'histoire de l'art. Sir Josuah Reynolds était mort en 1792, et, quatre ans avant lui, son rival Gainsborough. Mais le genre où s'étaient exercés ces deux grands hommes devenait plus florissant que jamais. Aux deux maitres défunts, qui avaient fait de leurs portraits des œuvres d'art personnelles et vivantes, une légion de peintres succédaient qui allaient chercher uniquement à embellir leurs modèles, par une savante combinaison de toutes les ressources de la toilette desdits modèles et de leur métier à eux-mêmes.

Le peintre qui opéra la transition entre le style pour ainsi dire classique de Reynolds et de Gainsborough et le style élégant et mondain de leurs successeurs, Georges Romney, étant mort en 1802, ne peut être considéré comme appartenant à l'École moderne.

La vogue de Romney fut d'ailleurs vite dépassée par celle d'un peintre dont les œuvres sont aujourd'hui trop dédaignées, Sir Thomas Lawrence (1769-1830). Assurément, le charme des portraits de Lawrence est toujours un peu facile et d'une sensualité un peu banale; mais son exécution présente des qualités extraordinaires de verve et de mouvement, son coloris se distingue par un éclat chaud et varié très particulier; et si ses figures manquent de simplicité et d'expression, le peintre a mis en œuvre pour les embellir une abondance de ressources prodigieuse.

Parmi ses portraits les plus célèbres, il faut citer ceux où il a représenté dans les rôles les plus divers l'acteur Kemble, ses portraits du peintre américain *West*, son portrait de *Mme Angerstein*, son portrait de *Lady Peel*, celui de la *Comtesse Gower*, celui du jeune *Lambton*, poétiquement installé sur un rocher.

C'est seulement en 1814 que Lawrence eut l'occasion de visiter le continent. Son voyage en Italie eut sur sa manière une influence énorme. Son génie d'assimilation était si merveilleux qu'il sut à cinquante ans s'approprier le style du Titien et de Tintoret, comme il avait fait dans sa jeunesse de celui de Rubens et de Van Dyck. Ses portraits des dernières années ont une vigueur et une pénétration que l'on chercherait vainement dans ses œuvres précédentes. Le coloris aussi est plus intense, la composition plus naturelle. Seules, les expressions restent convenues et banales.

L'Écossais Raeburn et l'Anglo-Allemand Hoppner n'ont eu ni la vogue, ni la valeur artistique de Lawrence; mais ils ont laissé l'un et l'autre des portraits intéressants, où ils ont suppléé de leur mieux à leur défaut d'originalité.

Henry Raeburn est né à Edimbourg en 1756. Il entra d'abord comme apprenti chez un orfèvre, puis se mit à peindre des miniatures et gagna ainsi assez d'argent pour faire le voyage de Rome. A son retour, il se fixa en Écosse. Tous les personnages célèbres de l'époque, les grands hommes et les grandes dames que contenait alors l'Écosse, lui firent l'honneur de poser devant lui. Il mourut en 1823.

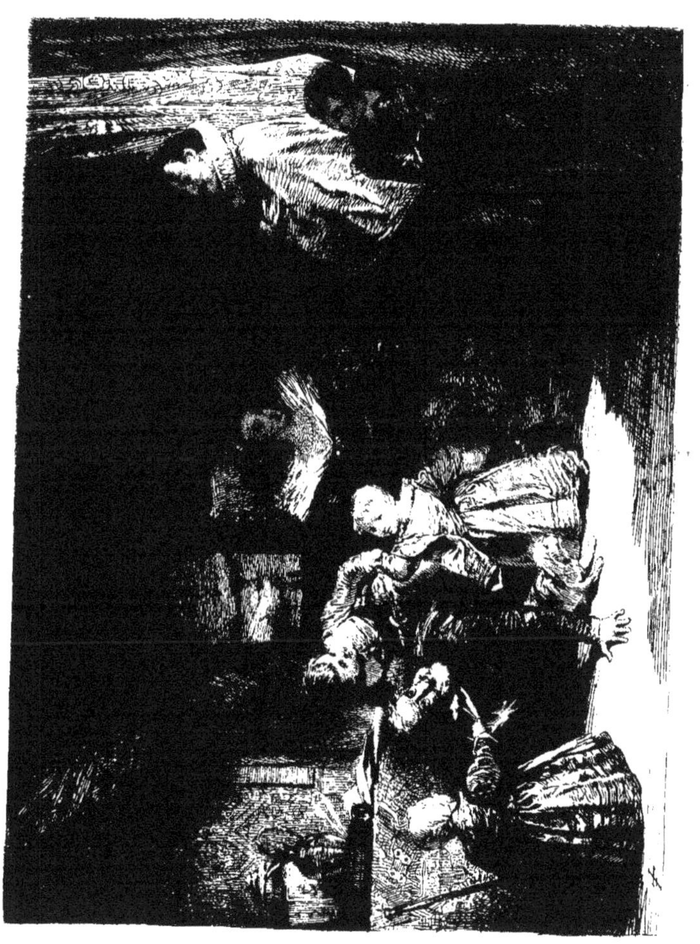

Il était membre de l'Académie royale et président de la Société royale d'Édimbourg. Sa manière est tour à tour imitée de Reynolds et de Lawrence, mais avec une simplicité un peu bourgeoise et une sobriété de couleur assez caractéristiques.

John Hoppner, né à Londres d'une mère allemande, était probablement un fils naturel du roi George III. Il jouit, en tout cas, constamment de la faveur royale, et garda encore une clientèle très brillante après que Lawrence eut conquis la faveur publique. Il fut nommé membre de l'Académie en 1795 et mourut en 1810. Ses portraits sont d'un art très supérieur à ceux de Raeburn : comme on l'a dit très justement, ils ont quelque chose de l'élégante et discrète franchise de Chardin. Le seul malheur de Hoppner est de n'avoir jamais su marquer ses portraits d'un cachet personnel.

Les portraits de John Opie (1761-1807) ont quelque temps balancé la vogue de ceux de Lawrence et de Hoppner ; ils sont assurément d'une facture plus robuste et d'une expression plus poussée; mais Opie n'a eu ni le charme ni la variété de ses rivaux. Opie était d'ailleurs un peintre d'histoire plus encore qu'un portraitiste : son *Assassinat de Jacques Ier*, son *Bélisaire*, sa *Mort de Rizzio*, dénotent un grand sentiment de l'effet dramatique; mais on y devine plus de réflexion que d'instinct, et plus de théories que d'observation personnelle. Ce peintre, qu'on a le tort aujourd'hui de trop dédaigner, était né dans le comté de Cornouailles en 1761 ; il est mort à Londres en 1827. Il y a encore eu en Angleterre, dans les premières années du XIXe siècle, plus d'un portraitiste remarquable. Mais ni William Beechey (1753-1839), ni John Jackson (1778-1831), ni l'auteur de l'*Enfant aux cerises* du Louvre, John Russell (1744-1806), ne peuvent être mis au niveau des maîtres que nous venons de citer.

De nos jours, la peinture de portrait est plus que jamais en honneur en l'Angleterre, et c'est de leurs portraits que les peintres anglais contemporains tirent le plus clair de leurs revenus. Sir John Millais, M. Watts, M. Herkomer, M. Orchardson, ont peint un grand nombre de solides portraits ; mais aucun de ces peintres n'est exclusivement portraitiste et chacun d'eux attache sans doute plus d'importance à ses compositions qu'à ses portraits. C'est cependant parmi les portraitistes que nous rangerons M. Goodall, membre de l'Académie Royale, et le fameux peintre américain James Whistler, un des coloristes les plus originaux de notre temps, qui sait mettre quelquefois dans ses portraits de femmes un charme subtil et mystérieux.

La peinture de scènes familières, satiriques ou sentimentales a toujours été, avec la peinture de portraits, le genre anglais par excellence. Comme la peinture de portraits a son ancêtre dans Reynolds, elle a le sien dans le vieux Hogarth, dont la verve moralisante s'accompagne d'un des plus vigoureux talents de facture que nous connaissions.

Dès le début du XIXe siècle, les peintres de scènes familières sont si nombreux en Angleterre qu'à peine nous pouvons citer les noms des plus intéressants. Tous, d'ailleurs, imitent plus ou moins les Téniers et les van Ostade, y mêlant seulement toujours une pointe de sarcasme ou de remontrance morale.

Le plus grand d'entre eux, le seul qui ait été véritablement un artiste, George Morland, ne trouve pas aujourd'hui dans son pays la gloire dont il serait digne. Il a eu le malheur, sa vie durant, d'être ivrogne, — ce qui n'est pas très rare en Angleterre, non plus qu'ailleurs, — mais surtout d'être un ivrogne éhonté, passant sa vie dans les tavernes lorsqu'il n'était pas enfermé dans la prison des débiteurs insolvables. Cette existence de bohème est sans aucun doute la cause du peu de respect que professent aujourd'hui encore pour sa peinture la majorité de ses compatriotes : car pour ce qui touche l'art proprement dit, personne ne le dépasse dans le genre qu'il traite. Ni Téniers, ni les Ostade, ni aucun Anglais n'ont su mettre un charme si délicat dans leurs compositions, animer leurs paysages d'une vie si fraîche, varier le coloris en des nuances si légères, et concilier avec tant d'aisance le réalisme et la fantaisie. Son observation est d'une justesse admirable,

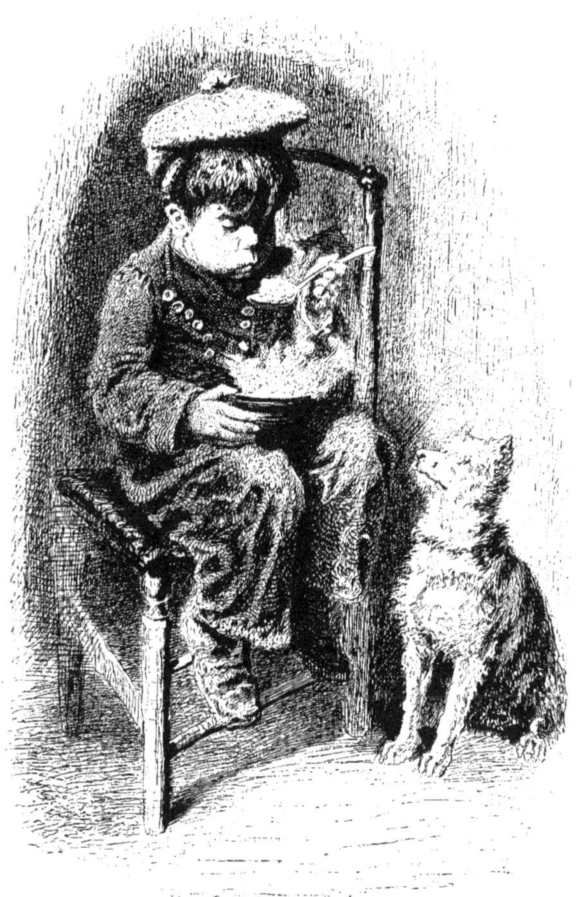

« Trop Chaud » (Too hot), d'après M. W. Hunt.

elle supplée chez lui au manque de toute éducation artistique. Les autres peintres anglais sont tous, en un certain degré, des moralistes : Morland seul est un véritable peintre de mœurs, occupé à reproduire telles qu'il les voit les scènes de la vie rustique en Angleterre. Ses *Haltes à l'auberge*, ses *Campements de Tsiganes*, ses *Chevaux au gué*, sont des images d'une vérité simple et forte, sans trace d'arrangement factice, et les figures y sont dessinées avec une sûreté superbe, tandis que les enveloppe une lumière douce et nuancée, un peu à la façon des paysages de Cuyp. Ajoutons pourtant que Morland n'a pas toujours mis en valeur ses riches qualités ; un grand nombre de ses tableaux, faits trop vite et pour gagner quelques shillings, sont plutôt des ébauches que des œuvres d'art véritables. Le tableau que possède le Louvre, sans être de ces hâtives improvisations, ne donne pourtant qu'une idée très incomplète du talent de Morland ; mais on trouve ce talent tout entier dans le *Payement à l'auberge*, de la National Gallery, un des chefs-d'œuvre de la peinture anglaise.

Né à Londres en 1763 d'une famille de peintres, George Morland fut de bonne heure la victime des grossiers désirs de lucre de son père. Celui-ci, dit-on, le tint jusqu'à seize ans enfermé dans sa chambre pour l'obliger à produire des dessins et des tableaux. Plus tard, pour obtenir son amitié avec ses bénéfices, il l'encouragea dans les pires habitudes de vice et de débauche. Le jeune homme, à qui Reynolds s'était naguère intéressé et avait donné quelques leçons, acheva son éducation artistique dans la campagne voisine de Londres, où il s'était réfugié et vivait d'une vie vagabonde en compagnie de bohémiens et de saltimbanques. Revenu à Londres, il s'établit à demeure dans une taverne ; c'est là que, pour subvenir à ses dépenses, il transforma en petits tableaux les croquis qu'il avait rapportés de ses excursions. Un instant on put croire qu'il allait se ranger : il s'était marié avec la sœur d'un de ses amis, ses tableaux commençaient à le faire connaître, et il s'était mis au travail avec une ardeur exemplaire. Par malheur, un an suffit pour le dégoûter de cette vie trop calme. Bientôt il courait de nouveau les cabarets en joyeuse compagnie, exploité par les marchands de tableaux, qui lui dérobaient ses ouvrages moyennant quelques guinées. Il avait beau bâcler sa besogne et produire avec une

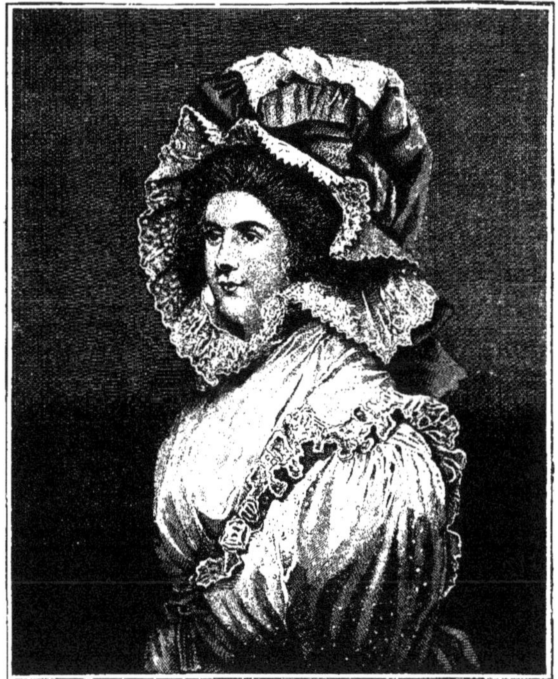

LA PRINCESSE DE GALLES, PAR J. HOPPNER.

hâte inouïe : ses dettes grandissaient, jusqu'au jour où ses créanciers se virent obligés de le faire incarcérer. C'est dans la prison pour dettes qu'il mourut en 1804, à peine âgé de quarante et un ans : depuis deux ans il était paralysé, et hors d'état de travailler.

La vie de son célèbre confrère David Wilkie forme avec la sienne un contraste absolu. Wilkie est le type de l'artiste homme du monde. Son œuvre manque du naturel et de la forte personnalité que nous avons reconnus dans l'œuvre de Morland, mais elle est toujours élégante, de bonne compagnie, familière avec distinction, agrémentée d'intentions humoristiques ou sentimentales. Au contraire de Morland, Wilkie apportait à tout ce qu'il faisait un soin et une minutie extrêmes. Il consacrait souvent une année entière à un petit tableau. Son genre préféré était le genre des scènes intimes : la *Dame malade*, le *Doigt coupé*, le *Payement des fermages*, les *Politiques du village*, etc.

Il est né à Cults, en Écosse, en 1785. Son père était pasteur et lui fit donner une excellente éducation. Il étudiait le dessin à l'Académie d'Édimbourg, lorsqu'il peignit l'esquisse de ses *Politiques du village*, un sujet qu'il devait traiter à plusieurs reprises dans la suite.

Le succès de deux autres tableaux, la *Foire* et le *Recruteur*, lui permit de venir à Londres, où il ne tarda pas à être connu. Il fut élu associé, puis membre de l'Académie Royale. Il demandait de ses tableaux un prix fort élevé, et n'aurait pas manqué de s'enrichir, sans l'extrême lenteur de sa façon de travailler.

Un long voyage sur le continent, en France, en Italie, en Espagne et en Hollande, eut pour effet de modifier sa manière, en lui donnant le goût des grandes compositions. *Colomb*, l'*Insurgé irlandais*, d'autres tableaux qui datent de cette seconde période, attestent un progrès notable dans la liberté et l'ampleur du dessin : mais il manque toujours à l'œuvre de Wilkie la franchise, l'imprévu, l'accent personnel, toutes ces qualités que ne donnent point la réflexion ni le savoir, et qui nous rendent si chères les œuvres moins parfaites de Morland.

Wilkie est mort en 1841, à cinquante-six ans, pendant qu'il revenait d'un long voyage en Orient. La National Gallery, avec la *Fête du village* et l'*Aveugle jouant du violon*, suffit à donner l'idée de son gracieux talent.

L'espace nous manque pour étudier à loisir les peintres de genre contemporains de Wilkie : son ami William Collins, par exemple, né en 1788, mort en 1847, qui fut le père du romancier Wilkie Collins, et qui a su se créer une petite manière à lui, à mi-chemin de la franchise réaliste de Morland et de l'élégante afféterie de son illustre ami.

L'Irlandais William Mulready (1786-1863), abondamment représenté dans les collections publiques anglaises, est de tous ces peintres de genre celui qui a le plus consciencieusement étudié les petits maîtres hollandais. Son *Passage du gué*, ses *Enfants paresseux*, son *Marchand de joujoux* sont mieux dessinés et d'une couleur plus fine que les œuvres de la plupart de ses confrères : la mise en scène est très variée, l'invention ne fait point défaut. Mais la peinture de Mulready reste malgré tout cela plus froide et plus convenue encore que celle de Wilkie et de Collins. Seules ses illustrations de livres d'enfants ont un charme très particulier de malice naïve.

Le fameux animalier sir Edwin Landseer (1769-1852) peut être considéré également comme un peintre de genre : car c'est par la verve et l'ingéniosité de la composition, plutôt que par la justesse de l'observation et du rendu, que ses tableaux de chiens et de chevaux se sont acquis une renommée encore très vivace. Landseer a excellé à imaginer ces petits drames intimes où les animaux jouent un rôle pathétique ou comique. Le *Deuil du Berger* (au South Kensington), la *Jument domptée*, *Dignité et impudence* (un dogue et un griffon), *Jack en faction*, *Prolétaire et aristocrate*, la *Guerre*, sont les chefs-d'œuvre de cet art, somme toute assez facile.

Enfin, à côté des peintres de sujets de genre contemporains, l'Angleterre a eu de bonne heure des peintres de sujets de genre historiques qui ont traité au point de vue de l'agrément extérieur, et sans prétention au grand art, des épisodes tirés de Shakespeare ou de l'histoire. A cette catégorie se rattachent l'illustrateur Robert Smirke (1752-1845), le coloriste Thomas Stothard (1755-1834), auteur, à la National Gallery, de nombreux petits tableaux allégoriques pleins de couleur et de mouvement, Charles Leslie, Gilbert Stuart Newton (1795-1835), Frédéric Hurlstone (mort en 1865), Sir John Gilbert, M. Orchardson, etc.

II. — LES PEINTRES DE PAYSAGE

Au XVIIIe siècle, toute la gloire de l'École anglaise a été dans ses peintres de portraits; au XIXe, elle a été toute dans ses peintres de paysages.

Encore les grands paysagistes anglais se réduisent-ils, quand on veut y songer, à deux : Constable et le vieux Crome. Car s'il en est d'autres qui ont autant et plus de renom, Turner, par exemple, ou Bonnington, j'avoue que leur célébrité me paraît tenir surtout à des raisons littéraires ou sentimentales. On admire surtout Turner parce qu'il a peint des paysages d'apparence fantastique, parce que certains de ses tableaux représentent le *Brouillard*, d'autres les *Nuages*, d'autres encore, rien du tout. Quant à Bonnington, c'était un pauvre jeune homme plein d'ambition, et assez adroit si l'on veut, mais qui a eu surtout pour lui de mourir à vingt-sept ans. Il a laissé quelques jolies aquarelles d'amateur, des petits tableaux de genre vifs en couleur, mais singulièrement monotones, et le souvenir d'un caractère excellent.

Il me faut cependant les mentionner l'un et l'autre, Turner et Bonnington, sous peine de paraître les avoir oubliés.

Joseph-Mallord-William Turner est né à Londres en 1775. Son père était barbier et coiffeur du théâtre de Covent Garden. Il eut pour premier maître le Dr. Munro, mais il se trouva bien surtout de la fréquentation d'un de ses condisciples, Girtin, un paysagiste mort tout jeune, et qui promettait de pousser très loin l'étude de la lumière. C'est à la Royal Academy, où il entra ensuite comme élève, que Turner prit son goût de paysage historique à la manière de Claude Gellée. La critique d'art avait alors pour Aristarque, en Angleterre, un admirateur passionné du style dit classique, sir Georges Beaumont.

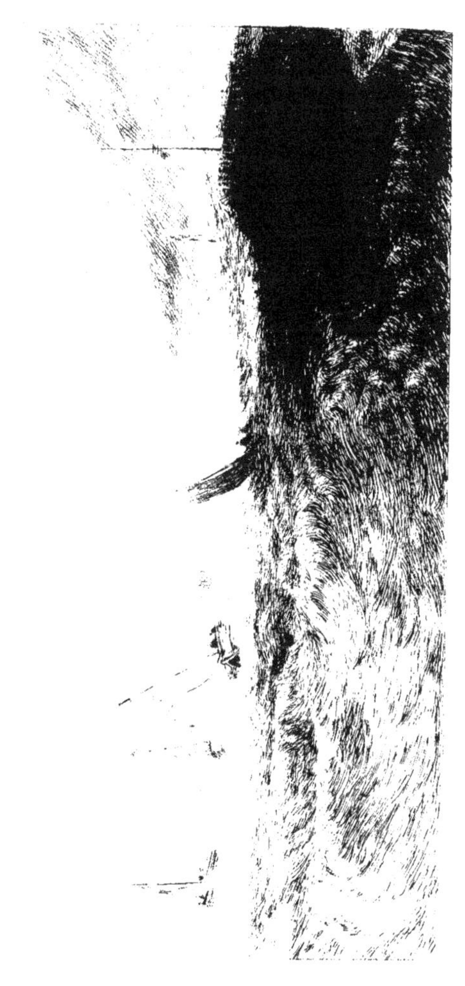

Turner devait rester fidèle toute sa vie aux traditions que soutenait Beaumont : il a dans ses dernières années fait tout son possible pour dissimuler dans ses peintures l'imitation de Claude et de Salvator Rosa; mais il a gardé l'habitude de considérer le paysage comme un genre littéraire, sinon classique ; un genre où l'intention, le sujet, l'expression symbolique avaient plus d'importance que la fermeté du dessin et la patiente observation de la nature.

Vers le milieu de sa vie Turner cessa, il est vrai, de représenter, comme il avait fait jusque-là, les *Jardins des Hespérides*, la *Fondation de Carthage*, *Énée et Didon*, etc., pour intituler désormais ses tableaux : *Un express sur un pont*, la *Tamise dans le brouillard*, etc.; mais son art, loin d'y gagner en vérité et en naturel, n'en devint que plus extravagant, plus spécialement littéraire.

Avec cela le jeune peintre prit de bonne heure l'habitude de répéter que lui seul avait du génie : à vingt-quatre ans il parvint à se faire nommer associé, à vingt-sept ans, membre de l'Académie Royale. Pour donner l'impression d'un homme extraordinaire, il passa sa vie dans des endroits singuliers, où nul n'était admis à le rejoindre. Il changeait sans cesse de noms; il s'accoutrait de costumes étranges, beaucoup par affectation, un peu aussi peut-être par économie, car il était d'une avarice sordide. Il vécut ainsi soixante-seize ans, toujours envieux, méchant, sournois et vaniteux : il amassa de l'argent et de la gloire ; et du taudis de Chelsea, où il mourut le 19 décembre 1851, on le transporta en grande pompe dans la cathédrale de Saint-Paul, pour l'enterrer à côté du noble et modeste Reynolds.

Son testament suffirait à lui seul pour le rendre odieux. Ce terrible vieillard n'a-t-il pas eu l'impudence de léguer à la nation *vingt mille* œuvres diverses de sa main, à la condition que deux d'entre elles seraient placées à côté des deux chefs-d'œuvre de Claude dans la National Gallery, et une grande partie du reste exposée dans des salles spéciales du Musée ? Et ce legs inouï fut accepté. On peut voir aujourd'hui deux Turner s'étaler à côté des deux Claude, qui en sont comme transfigurés, et dans le voisinage de quelques chefs-d'œuvre de Poussin. S'imagine-t-on M. Henner, — qui a un talent si réel, — léguant au Louvre deux de ses *Nymphes*, à condition qu'elles seront aussitôt placées dans le Salon Carré, au-dessous des deux Corrège !

Et, en outre de ces Turner de la Salle Française, il y a encore à la National Gallery, une salle entière de peintures de Turner, et quatre ou cinq salles de ses dessins ou aquarelles. Les plus beaux Reynolds, cependant, s'ennuient dans le vestibule, et les merveilleux portraits de Hogarth sont cachés dans un cabinet. La vanité de Turner triomphe après sa mort, comme elle faisait de son vivant.

Il est impossible de parler sans colère de cet encombrant personnage. Et pourtant il est impossible aussi de nier que dans l'énorme foule de ses peintures, il y a parfois des morceaux vraiment curieux, et même deux ou trois effets très jolis. Fénelon disait que, si l'on tirait pendant mille ans d'un sac où elles seraient pêle-mêle, les lettres de l'alphabet, on n'arriverait pas à constituer un chant de l'*Iliade*. Mais j'imagine qu'à défaut d'un chant de l'*Iliade*, c'est-à-dire dans l'espèce, d'un bon et solide paysage comme ceux de Ruysdaël, on aurait chance de tirer de temps à autre quelques vers d'un charme imprévu et piquant. Ainsi Turner, pour avoir toute sa vie tiré d'un sac, au hasard, les effets de couleur, a mis la main quelquefois sur des harmonies que n'aurait point données le patient effort réfléchi. Au Musée de Glasgow, par exemple, il y a un paysage de Turner qui, pour peu qu'on ne le regarde pas trop longtemps, procure une sensation très particulière de douceur et de grâce sensuelles.

Avant de dire quelques mots de Bonnington, je dois rappeler le nom d'un émule de Turner en excentricité, qui a failli devenir jadis son émule en célébrité, mais qui depuis, au contraire de son trop fameux rival, a sombré dans le plus complet oubli : John Martin, né en 1789, mort en 1854. Celui-là était manifestement un fou. Ses scènes bibliques ou allégoriques, le *Festin de Balthazar*, le *Déluge*, la *Création*, le *Jugement dernier*, les *Plaines du Ciel*, sont de vastes machines où les architectures les plus baroques se dressent parmi des paysages impossibles. Tourmenté du désir de peindre l'infini, John

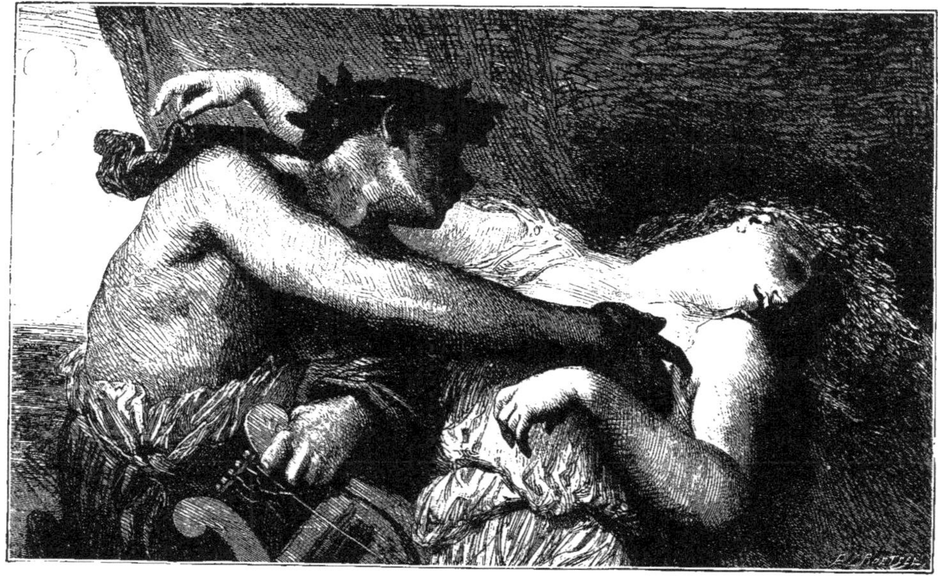

ORPHÉE ET EURYDICE, PAR M. WATTS.

Martin exagérait tous les détails, si bien que ses tableaux avaient à peu près autant de vie que les maquettes des décors de l'Opéra. Encore le malheureux sacrifiait-il, à ses conceptions soi-disant symboliques, et la précision du dessin et la variété du coloris. Reproduites par la gravure, ses œuvres paraissent, de beaucoup, plus intéressantes qu'elles ne sont dans l'original. Et n'était que la survivance de la gloire de Turner doit nous rendre sensibles à l'injuste discrédit où est tombé Martin, nous comprendrions aisément que les compositions de ce maniaque aient cessé de toucher personne, après avoir été saluées comme des chefs-d'œuvre dans les Expositions de Londres et de Paris où elles figurèrent.

Richard Parkes Bonnington, lui, n'avait rien d'un excentrique. C'était, au contraire, le type du jeune Anglais de bonne famille qui se pique d'aimer l'art, d'avoir du goût, et de ne rien faire d'excessif.

Il était né à Arnold, près de Nottingham, en 1801. Son père, un peintre amateur, le mena de très bonne heure à Paris, où il lui fit suivre tour à tour les leçons des principaux peintres en vogue. A dix-sept ans, il s'essayait dans la peinture d'histoire. A vingt-deux ans, des vues de Normandie et de Picardie, exposées au Salon, lui valurent une médaille d'or. Il alla ensuite s'instruire à Londres, où il eut Delacroix pour compagnon de travail, puis en Italie, et notamment à Venise, où il a peint ses meilleures aquarelles. Il mourut enlevé par une phtisie pulmonaire, le 23 septembre 1823, à Londres; il était retourné dans sa patrie pour consulter une somnambule sur les chances qu'il avait de guérir.

C'est par ses petits paysages à l'huile et à l'aquarelle que Bonnington peut aujourd'hui nous plaire : ce sont toujours des peintures d'amateur; la grande maîtrise classique y est remplacée par d'ingénieux effets de détails. Mais du moins cela est d'un joli effet, délicat, sans prétention, souvent très bien observé.

Les tableaux de genre historique de Bonnington, dont le Louvre possède quelques spécimens typiques, n'ont pas, à mon goût, la même valeur que ses paysages. Le sentiment de la couleur y est très

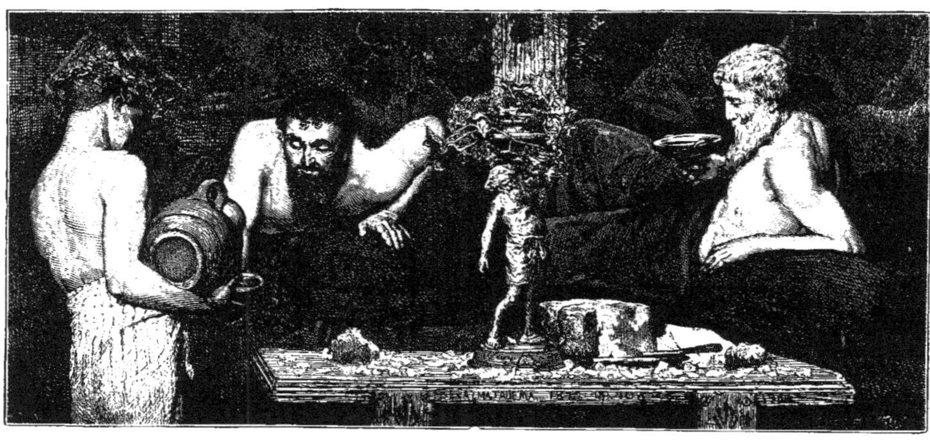

Le Vin de Grèce, par M. Alma-Tadema.

manifeste, et produit çà et là des harmonies curieuses; mais on aperçoit trop la petitesse de l'inspiration générale; et déjà les derniers en date de ces tableaux reproduisent avec une certaine monotonie les mêmes effets que les premiers. Bonnington s'y montre, au point de vue de la chronologie, le prédécesseur des coloristes du romantisme, Delacroix et Decamps; mais il n'a ni la violence lyrique du premier, ni la variété et l'aisance du second, et rien ne fait prévoir qu'il ait eu en lui, lorsque la mort l'a arrêté, le germe d'aucune de ces précieuses vertus qui seules font les maîtres.

De Constable et du vieux Crome il n'y a rien à dire, sinon qu'ils ont l'un et l'autre passé leur vie à peindre de beaux paysages. Un seul de leurs compatriotes leur est supérieur dans ce genre. C'est ce merveilleux peintre que Reynolds avait appelé un jour le premier des paysagistes anglais, et qui s'en était offensé, parce qu'il était, comme Reynolds, peintre de portraits avant tout, et que dans le portrait aussi il était le premier : Thomas Gainsborough, le plus pur génie de l'École anglaise. A la National Gallery, au Musée de Burlington House, ses grands paysages avec ou sans figures, sont des chefs-d'œuvre d'un art tout à fait spécial, à la fois poétique comme l'art de Watteau et réaliste comme celui de Ruysdaël.

Mais Gainsbourough, mort en 1788, ne nous appartient pas. Crome, au contraire, et plus encore Constable, malgré qu'ils soient nés bien avant la fin du XVIIIe siècle, sont absolument des artistes de notre temps.

Crome est, comme notre grand Michel de Montmartre, cette gloire de l'École française, un archaïsant. C'est un imitateur attardé de Ruysdaël et des Hollandais : mais précisément parce qu'il s'est confiné dans un style quasi tout fait, il lui a été possible d'approfondir et d'exprimer avec plus de nuances variées son sentiment de la nature. Ses paysages, représentant pour la plupart des vues des environs de Norwich, et en particulier ses arbres, sont vraiment dignes de figurer dans les musées à côté des plus solides peintures hollandaises. Les troncs, les feuilles, ont chez lui une vie et une individualité que nul autre peintre n'a su leur donner. Souvent le dessin rebute au premier abord par sa dureté ; mais c'est un dessin de maître, franc et simple, et la lumière où il baigne est d'une intensité admirable. Certains effets de soleil embrasant le sommet d'un chêne, dans ces tableaux de Crome, suffiraient à eux seuls pour établir la réputation d'un artiste. Et comme toutes les excentricités de Turner réussissent moins à nous donner la sensation de l'espace illimité que, par exemple, le *Moulin à Vent* et la *Plaine*, les deux principaux morceaux du vieux Crome à la National Gallery !

John Crome (qu'on a appelé le vieux Crome pour le distinguer de son fils) est né à Norwich en 1769, d'une famille de paysans. Il s'est marié très jeune dans son pays, y a modestement vécu en donnant des leçons de dessin, et y est mort en 1821. Son influence a été assez vive pour donner naissance à une nombreuse école de paysagistes, tous originaires de Norwich ou des environs.

Sans avoir été directement l'élève de Crome, Peter Nasmyth (1786-1831) s'est certainement beaucoup inspiré de lui. Mais tandis que Crome imitait surtout Ruysdaël, et recherchait les effets simples et puissants, c'est, au contraire, la minutie et la finesse de l'art de Hobbema qui paraît avoir surtout frappé Nasmyth.

Il y avait encore à cette époque en Angleterre d'autres paysagistes de talent, tous plus ou moins occupés à imiter les maîtres hollandais. Ainsi John Linnell (1792-1882) fameux pour la chaleur de ses effets de lumière, Thomas Creswick (1811-1869) qui passait pour être incomparable dans le rendu des feuilles, etc. Mais tout cela n'existe guère : seul avec Crome, Constable mérite d'être nommé dans une histoire du paysage anglais au XIXe siècle.

Crome était un archaïsant. Constable a été, au contraire, un novateur. Ses paysages, dont aucun ne ressemble à un autre, contiennent vraiment en germe toutes les manières que nos paysagistes français se sont depuis attachés à pratiquer. Prenez la collection des œuvres de Constable à la National Gallery : vous y trouverez des Corot, des Daubigny, des Dupré, des Rousseau, des Chintreuil, des Courbet ; vous y trouverez même des peintures impressionnistes à la façon de M. Monet. Tout cela sans aucun parti pris, simplement par le fait d'une observation incessante de la nature, et d'un désir presque maladif d'exactitude et de vérité. Si le mot d'impressionnisme avait gardé son sens primitif, personne autant que Constable ne mériterait d'être appelé un impressionniste : il n'a fait toute sa vie que s'efforcer de traduire les mille formes diverses de ses impressions. Il en résulte forcément un certain manque d'équilibre, de solidité et de profondeur. Crome a poussé plus à fond que Constable la connaissance des sujets qu'il a traités. Mais, outre que Constable est infiniment plus varié, personne ne l'égale pour la fraîcheur, la parfaite réalité de ses peintures.

C'était, d'ailleurs, un principe chez lui de ne pas se laisser dominer par le souvenir des maîtres, de se placer en face de la nature comme s'il était le premier à la voir. « Le monde, disait-il, est infiniment varié. Jamais deux jours, ni deux heures ne se ressemblent. Il n'y a jamais eu deux feuilles d'arbres pareilles depuis la création. Les vraies productions de l'art, comme celles de la nature, sont toutes distinctes l'une de l'autre. »

Il était né en 1776 à Bergholt, sur la limite des comtés d'Essex et de Suffolk. Ses parents le destinaient à l'Église, et longtemps l'empêchèrent d'étudier la peinture. Plutôt même que de le laisser devenir un peintre, on le contraignait à s'occuper du moulin de son père. Mais le jeune meunier s'occupait surtout de son moulin pour le peindre sous tous ses aspects, si bien qu'on dut enfin lui permettre de suivre sa voie. Il vint à Londres en 1799 à vingt-trois ans, et assista aux cours de l'Académie. Mais il en fut vite dégoûté : la plus grande partie de sa vie se passa dès lors dans la campagne. C'est de son village qu'il envoya au Salon de Paris ces paysages qui eurent sur les destinées de la peinture française une influence si forte : ils furent véritablement l'école de tous les jeunes paysagistes de notre pays. John Constable mourut en 1837. Ses paysages sont assez peu nombreux ; mais il a laissé un nombre considérable de petites esquisses qui aujourd'hui, dans les musées, valent les œuvres les plus travaillées des plus grands maîtres.

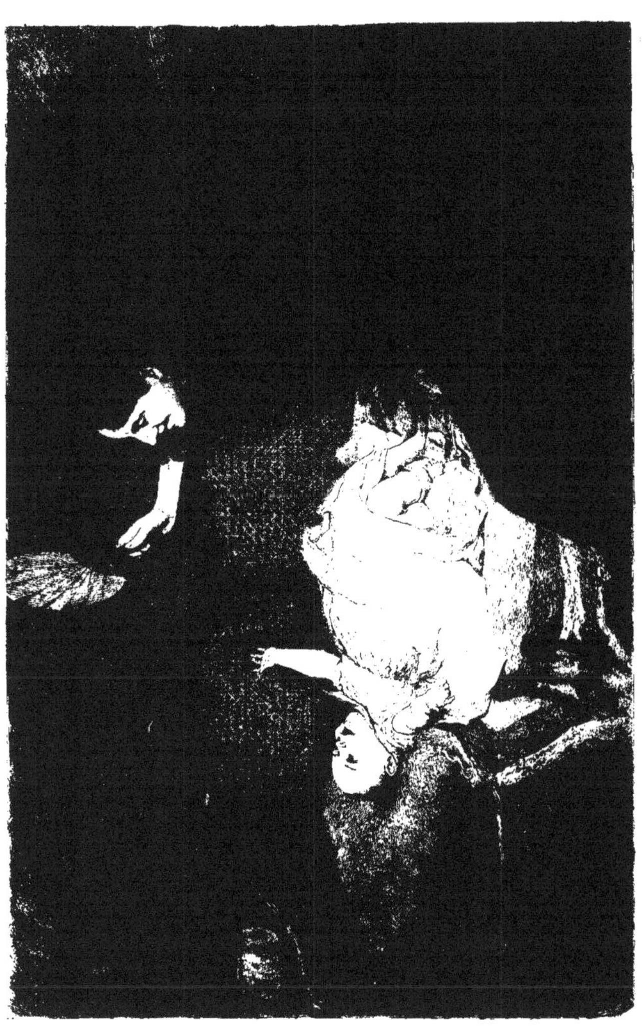

Le Musée de South Kensington, le Musée de Burlington House, possèdent un certain nombre de ces admirables morceaux. Au Louvre, c'est Constable qui représente, quasi à lui seul, l'École anglaise. La variété prodigieuse de son style s'y laisse voir malgré le peu d'importance relative des peintures exposées. Et la vingtaine de Constable petits et grands que possède la National Gallery présente bien une vingtaine de genres différents, tous traités avec la même franchise simple et puissante.

Il y a eu dans le courant du XIXe siècle, en Angleterre, plusieurs paysagistes de talent. Aucun d'eux, cependant, ne peut être mis en comparaison ni avec Constable, ni avec les paysagistes français. La plupart peignent des œuvres consciencieuses et agréables à l'œil, mais toujours froides, trop léchées aussi : comme si les peintres anglais songeaient d'avance à la nécessité où seront leurs œuvres, dans la patrie du brouillard, d'être toujours mises sous verre.

Il me suffira de citer J.-W. Oakes (1820-1887), Alfred W. Hunt, imitateur de Turner, M. John Mac Whirter, M. Frédéric Walker (1840-1875), auteur de très délicates et très jolies aquarelles, M. Robert Macbeth (né en 1848), M. Joseph Knight, M. Marc Fisher ; et quelques peintres de marines que connaissent déjà les visiteurs de nos Expositions parisiennes : M. Hooke (né en 1819), M. Henry Moore (né en 1831), M. William Wyllie (né en 1851), etc.

III. — LES PEINTRES D'HISTOIRE ET D'ALLÉGORIE

Il n'y a pas de genre où les peintres anglais se soient aussi obstinément essayés, ni qu'ils aient autant tenu en honneur que la peinture d'histoire et d'allégorie; mais il n'y en a pas non plus où ils aient aussi piteusement échoué. Les allégories de Reynolds, de Romney et de Lawrence ont beau n'être que des groupes de portraits, ce sont les œuvres les plus fâcheuses de ces maîtres. Au XIXe siècle, tous les peintres d'histoire et d'allégorie ont été, en Angleterre, ou des poncifs, ou des excentriques, ou encore l'un et l'autre; aucun n'a été un peintre comme Ingres et Delacroix.

Un simple poncif, le peintre américain Benjamin West, président de la Royal Academy (1738-1820), dont le *Christ guérissant les malades* et même la fameuse *Mort du général Wolfe*, ne valent pas les machines du dernier de nos concurrents au prix de Rome. Un poncif, Robert Haydon (1787-1846), qui a fini par le suicide une existence très agitée, et dont les compositions historiques, de son vivant même, n'ont été admirées que de lui seul. Des poncifs: James Northcote (1716-1831), médiocre dans la peinture comme il le fut dans la littérature; George-Henri Harlow (1789-1819), mort jeune comme Bonnington; Etty (1787-1849), qui cependant savait peindre le nu.

Et des poncifs aussi, les peintres d'histoire d'aujourd'hui : Sir Frédéric Leighton, auprès duquel notre Cabanel fait l'effet d'un maître de génie, MM. Poynter, Prinsep, etc.

La gaucherie du dessin s'accompagne, au contraire, de singularité dans l'intention chez le Suisse Henri Fuseli (1741-1825), chez James Barry (1741-1806), que son tempérament batailleur fit expulser de la

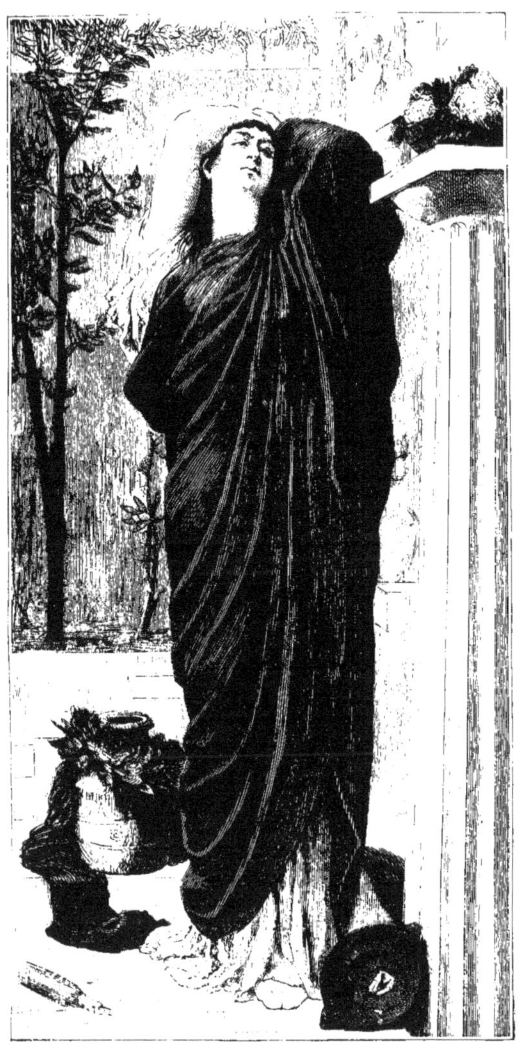

Électre sur la tombe d'Agamemnon, par M. Leighton.

Royal Academy, et dont les froides et extravagantes machines sont aujourd'hui bien démodées ; enfin chez le stupéfiant William Blake (1757-1828) qui, sans avoir jamais su dessiner ni peindre, a cependant eu le mérite de concevoir quelques petites compositions d'un assez profond symbolisme.

C'est encore un excentrique que M. Georges-Frédéric Watts, né à Londres en 1818, un des peintres les plus renommés de l'Angleterre contemporaine. Lui, du moins, connaissait à fond tous les secrets de son métier. Personne dans son pays n'a étudié autant que lui les maîtres italiens, en particulier Michel-Ange, dont l'influence se retrouve de plus en plus dans son œuvre. Ses premiers tableaux ont une certaine grandeur tragique, avec leurs longues figures aux vêtements flottants enveloppées d'une façon de fantômal brouillard. Mais peu à peu le goût de l'excentricité a fait oublier à M. Watts ses qualités d'autrefois ; ses figures se sont encore allongées, le brouillard qui les enveloppe est devenu encore plus fantômal ; et les compositions qu'il peint maintenant, offusquent les yeux sans être pour l'esprit d'un intérêt bien sensible.

Un seul effort curieux a été tenté en Angleterre pour créer une grande peinture vraiment artistique : il a été tenté par un groupe de peintres qui, pour marquer leur goût des primitifs italiens, ont pris le nom de *préraphaélites.*

Vers 1850, trois jeunes hommes, M. William-Holman Hunt, Dante-Gabriel Rossetti, peintre et poète, et M. John-Everett Millais résolurent de s'insurger contre les traditions classiques régnantes, et de créer un style nouveau ; ce style devait, comme celui des peintres du xve siècle, s'inspirer directement de la nature et traduire, sans l'emploi d'aucune formule scolastique, l'impression de l'artiste. C'est, on le voit, une tendance du même genre que celle qui a créé l'école allemande d'Overbeck et des Nazaréens. Malheureusement, en Angleterre comme en Allemagne, la littérature tenait plus de place dans cette tentative que la peinture proprement dite ; les préraphaélites ont surtout laissé des manifestes. Une revue qu'ils avaient fondée : *The*

Germ, offre aujourd'hui plus d'intérêt que leurs tableaux ; et c'est un littérateur, M. Ruskin, qui a été leur véritable chef. La science et

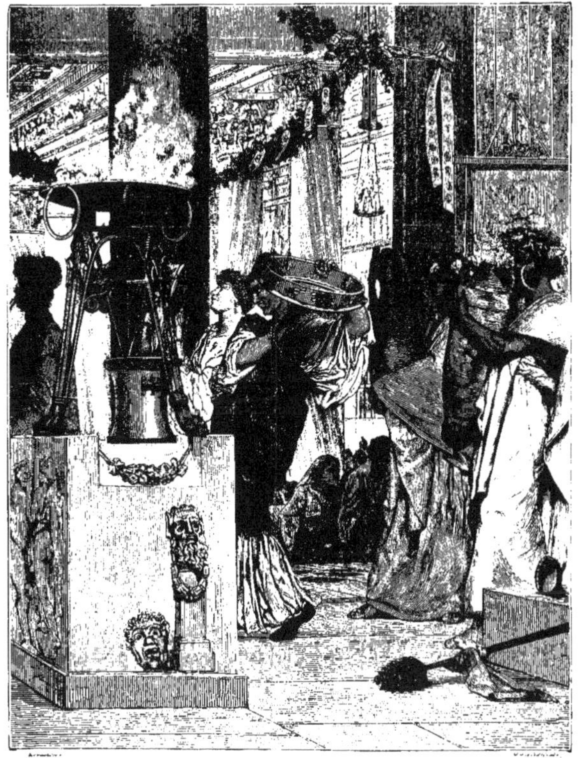

Les Vendanges a Rome, fragment du tableau de M. Alma-Tadema.

l'habileté technique, qu'ils dédaignaient, se sont vengées de leur dédain : l'intention seule peut plaire, désormais, dans leurs compositions ; elle est souvent très fine et pleine de noblesse. Mais que vaut l'intention la plus belle, lorsqu'elle ne s'accompagne pas du pouvoir de la réaliser?

Ainsi les tableaux de M. Holman Hunt (né en 1827) ont beau être des œuvres méditées, savantes, où pas une ligne n'est exempte de quelque signification symbolique. Leur symbolisme ne suffit pas à compenser l'insuffisance de leur dessin et la dureté de leur coloris.

Les compositions de Dante-Gabriel Rossetti (1828-1882) dénotent un sens très particulier de la couleur. Mais c'est un sens qu'on est forcé d'y deviner, tant la maladresse de la technique enlève à ces compositions toute apparence de peinture. Des deux tableaux de Rossetti que possède aujourd'hui la National Gallery, l'un, l'*Annonciation*, est simplement une médiocre imitation des peintres italiens : l'autre, le *Rêve de Béatrice*, est le plus saisissant modèle que l'on puisse offrir aux jeunes peintres pour leur faire sentir la nécessité d'apprendre leur métier, lors même qu'ils auraient de naissance les plus heureuses qualités artistiques. On sent bien que l'auteur de ce tableau était quelqu'un, et qu'il a eu l'intention de faire là quelque chose; mais au demeurant c'est moins que rien.

M. Ford-Madox Brown, né en 1821, un des premiers adhérents de l'école préraphaélite, est un exécutant plus habile que M. Hunt et que Rossetti. Mais, lui aussi a été perdu par le goût du symbolisme. Ses figures, sous prétexte d'expressions passionnées, sont d'irréels fantômes; et souvent, à force de ne pas vouloir être banal, M. Madox Brown a été entraîné à sacrifier ses précieuses qualités naturelles.

M. John-Everett Millais, le seul des préraphaélites qui ait un véritable talent de peintre, est né à Southampton en 1829. A dix ans, il peignait déjà, il peint encore aujourd'hui; mais son passage dans le groupe préraphaélite a été de courte durée. M. Millais est un dessinateur et un coloriste assez habile, mais c'est surtout un prodige de souplesse et de facilité. Il peut travailler dans tous les genres et dans tous les styles, sans être jamais bien original, mais aussi sans jamais être mauvais. Ses tableaux du style préraphaélite sont pourtant le meilleur de son œuvre. L'étrangeté y est servie par une grande adresse manuelle et il y a des effets de couleur tout à fait jolis.

Enfin, sans appartenir à l'école préraphaélite, M. Édouard-Burne Jones (né en 1833) et M. Walter Crane, le dessinateur bien connu, se sont attachés, l'un et l'autre, à imiter les peintres italiens du Quattrocento. M. Burne Jones est un artiste d'un talent très inégal, et d'un goût plus inégal encore; mais il sait parfois donner à ses figures des expressions d'une douceur étrange et charmante. M. Walter Crane paraît, au contraire, avoir dérobé aux vieux peintres florentins le secret

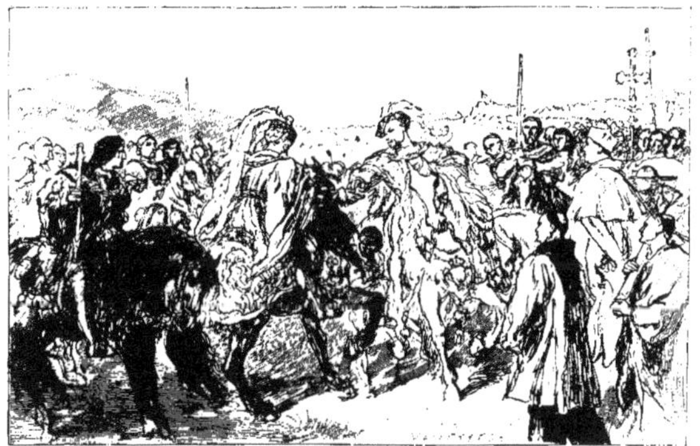

LE CAMP DU DRAP D'OR, PAR SIR JOHN GILBERT.

de leurs mouvements: ses processions de jeunes femmes seraient des œuvres délicieuses si M. Crane ne les avait rendues banales à force de les répéter. Tous deux du moins, M. Burne Jones et lui, sont des artistes qui savent leur métier, et qui pourtant, au contraire de Sir John Millais, s'acharnent à la poursuite d'un idéal d'art supérieur.

Le peintre anglo-hollandais M. Laurent Alma-Tadema (né en 1836) n'a point d'aussi hautes visées. C'est un très habile homme, qui, sous prétexte de peindre des scènes de la vie antique, s'amuse à figurer toute sorte d'intérieurs bizarres qu'il traite avec une minutie et un brio dignes de Meissonier. Ce n'est, en somme, rien de plus qu'un bon peintre de genre. Encore peut-on croire que chacun, avec de l'application, pourrait peindre aussi bien que lui, car les tableaux de Mme et de Mlles Alma-Tadema offrent les mêmes qualités sans avoir plus de défauts que les tableaux du chef de la famille.

Il convient encore de citer M. Albert Moore, qui, lui aussi, est un peintre de genre plutôt qu'un peintre d'histoire : il sait son métier presque autant que M. Alma-Tadema, et il a de plus un sens très personnel de la composition.

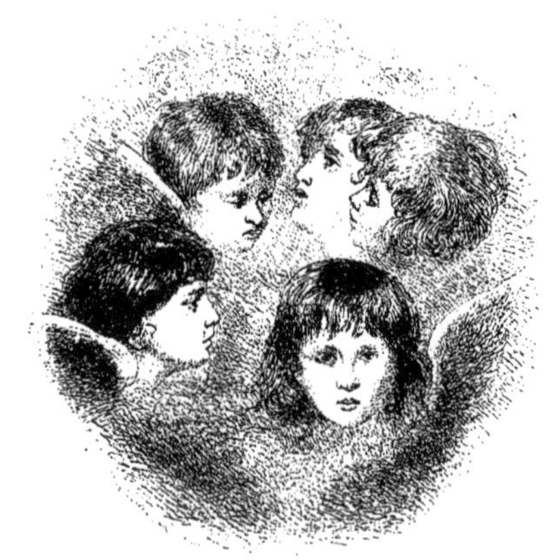

TABLE DES GRAVURES

FIN DE LA TABLE DES GRAVURES

TABLE DES PLANCHES HORS TEXTE

FIN DE LA TABLE DES PLANCHES HORS TEXTE

Sceaux. — Imprimerie Charaire et Cie.

Paris. — Imprimerie LAROUSSE, 17, rue Montparnasse.

www.ingramcontent.com/pod-product-compliance
Ingram Content Group UK Ltd.
Pitfield, Milton Keynes, MK11 3LW, UK
UKHW021827190726
13853UKWH00003B/1238